Manfred Franke
Leben und Roman der Elisabeth von Ardenne
Fontanes »Effi Briest«

Für Ilse

Manfred Franke

Leben und Roman der Elisabeth von Ardenne Fontanes »Effi Briest«

Droste Verlag

Bildnachweis:
Abb. 1, 3, 15, 28, 32, 37, 39: Familienarchiv Ardenne, Dresden
Abb. 2, 18, 21: zeitgenössische Quellen
Abb. 4, 12, 14, 27, 31: Steinzeichnungen von Max Liebermann.
Mit freundlicher Genehmigung von Frau Dr. Marianne Feilchenfeldt, Zürich
Abb. 5, 8, 40: Wolfgang Freiherr von Plotho, Bonn
Abb. 6, 7, 9, 10, 19, 23, 24, 25, 29, 30, 33, 34, 35, 36, 38:
Entnommen dem Band H. Budjuhn »Fontane nannte sie ›Effi Briest‹« (1985).
Mit freundlicher Genehmigung der Quadriga Verlagsgesellschaft mbH,
Weinheim, Berlin, und Wolfgang Freiherr von Plotho, Bonn
Abb. 11, 13, 16, 17, 20, 22, 26: Verlagsarchiv

Die Deutsche Bibliothek – CIP-Einheitsaufnahme

Franke, Manfred:
Leben und Roman der Elisabeth von Ardenne, Fontanes „Effi Briest" /
Manfred Franke. – Düsseldorf: Droste, 1994
ISBN 3-7700-1024-8

© 1994 Droste Verlag GmbH, Düsseldorf
Einbandentwurf: Helmut Schwanen
Gesamtherstellung: Clausen & Bosse, Leck
ISBN 3-7700-1024-8

Inhalt

Das kam mir nur lächerlich
vor. Dagegen ärgerte ich mich wütend,
sah ich unseren alten Carl den Bedienten
suchend kommen, mit der üblichen Order, „Elseken
mach rasch daß Du rein kommst Du" sollst
den Fähnrich v. Ardenne Klavier spielen hören
sagt die Frau Mama".

„... ärgerte ich mich wütend,
sah ich unseren alten Carl,
den Bedienten, suchend kommen,
mit der üblichen Order:
»Elseken, mach rasch,
daß Du rein kommst,
Du sollst den Fähnrich v. Ardenne
Klavier spielen hören, sagt die Frau Mama«".

1

Vorwort
»Eine Geschichte nach dem Leben«

„In Front des schon seit Kurfürst George Wilhelm von der Familie von Briest bewohnten Herrenhauses zu Hohen-Cremmen fiel heller Sonnenschein auf die mittagsstille Dorfstraße, während nach der Park- und Gartenseite hin ein rechtwinklig angebauter Seitenflügel einen breiten Schatten... warf".

Wer im Oktober 1894 die von Julius Rodenberg herausgegebene Zeitschrift »Deutsche Rundschau« aufblätterte, erfuhr bald, wer da im Schatten Platz genommen hatte: Frau von Briest und ihre Tochter, „in ihrem Rücken ein paar offene, von wildem Wein umrankte Fenster." Zehn Seiten weiter werden aus einem der „von wildem Wein halb überwucherten Fenster die rotblonden Köpfe" von Zwillingen sichtbar, und Hertha ruft: „»Effi komm.«"

Theodor Fontanes »Effi Briest« wurde von Oktober 1894 bis März 1895 vorweg abgedruckt. Schon bald danach gab der Autor verschiedenen Bekannten und Freunden Auskunft über die Entstehung seines Buches. An Marie Uhse schrieb er: „Es ist eine Geschichte nach dem Leben", und er verriet sogar, „die Heldin lebt noch." In einem Brief an den Schriftsteller Friedrich Spielhagen, der den gleichen Stoff für seinen Roman »Zum Zeitvertreib« benutzt hatte, ging Fontane noch weiter: „Innstetten ist ein Oberst v. A., früher Husar, jetzt Dragoner. Effi ist ein Fräulein... aus der Gegend von Parez... Mir wurde die Geschichte... durch meine Freundin und Gönnerin L.[essing] bei Tisch erzählte. »Wo ist denn jetzt Baron A.?«, fragte ich ganz von ungefähr. »Wissen Sie nicht?« Und nun hörte ich, was ich in meinem Roman erzählt." Das ganze, so Fontane weiter,

Effi Briest.

Roman

von

Theodor Fontane.

Erstes Capitel.

In Front des schon seit Kurfürst George Wilhelm von der Familie
von Briest bewohnten Herrenhauses zu Hohen-Cremmen fiel heller Sonnenschein
auf die mittagsstille Dorfstraße, während nach der Park- und Gartenseite
hin ein rechtwinklig angebauter Seitenflügel einen breiten Schatten erst auf
einen weiß und grün quadrirten Fliesengang und dann über diesen hinaus
auf ein großes, in seiner Mitte mit einer Sonnenuhr und an seinem Rande
mit Canna indica und Rhabarberstauden besetztes Rondeel warf. Einige zwanzig
Schritte weiter, in Richtung und Lage genau dem Seitenflügel entsprechend,
lief eine, ganz in kleinblättrigem Epheu stehende, nur an einer Stelle von
einer kleinen weiß gestrichenen Eisenthür unterbrochene Kirchhofsmauer, hinter
der der Hohen-Cremmener Schindelthurm mit seinem blitzenden, weil neuerdings erst wieder vergoldeten Wetterhahn aufragte. Fronthaus, Seitenflügel
und Kirchhofsmauer bildeten ein einen kleinen Ziergarten umschließendes Huf-
eisen, an dessen offener Seite man eines Teiches mit Wassersteg und angeketteltem
Boot und dicht daneben einer Schaukel gewahr wurde, deren horizontal ge-
legtes Brett zu Häupten und Füßen an je zwei Stricken hing — die Pfosten
der Balkenlage schon etwas schief stehend. Zwischen Teich und Rondeel aber
und die Schaukel halb versteckend standen ein paar mächtige alte Platanen.

Auch die Front des Herrenhauses — eine mit Aloekübeln und ein paar
Gartenstühlen besetzte Rampe — gewährte bei bewölktem Himmel einen angenehmen und zugleich allerlei Zerstreuung bietenden Aufenthalt; an Tagen
aber, wo die Sonne niederbrannte, wurde die Gartenseite ganz entschieden
bevorzugt, besonders von Frau und Tochter des Hauses, die denn auch heute
wieder auf dem im vollen Schatten liegenden Fliesengange saßen, in ihrem
Rücken ein paar offene, von wildem Wein umrankte Fenster, neben sich eine
vorspringende kleine Treppe, deren vier Steinstufen vom Garten aus in das

2 Erste Seite des im Oktober 1894 begonnenen Vorabdrucks
von Theodor Fontanes Roman „Effi Briest" in der »Deutschen
Rundschau«.

sei eine Ehebruchsgeschichte wie hunderte andere mehr und hätte keinen Eindruck auf ihn gemacht, wenn nicht die Worte »Effi komm« darin vorgekommen wären. Das Auftauchen der Mädchen an dem mit Wein überwachsenen Fenster, die Rotköpfe, der Zuruf... machten solchen Eindruck auf mich, daß aus *dieser* Szene die ganze lange Geschichte entstanden ist. An dieser *einen Szene* können auch Baron A. und die Dame erkennen, daß *ihre* Geschichte den Stoff gab.“[1]

Baron A. – Armand Léon von Ardenne – und die Dame – Else (Elisabeth) von Ardenne, geb. Edle und Freiin von Plotho-Zerben – waren oft zu Gast im Hause Emma Lessings, der Gattin des Besitzers der *Vossischen Zeitung*, für die Fontane arbeitete. Kein Wunder, daß er, der mit seiner Frau ebenfalls bei Lessings zu Besuch war, über Leben und Schicksal seiner Effi unterrichtet wurde.

Seitdem die ersten Brief-Bände Fontanes erschienen sind und Conrad Wandrey sein Fontane-Buch publiziert hat, ist der „Fall Ardenne“ als Hintergrund für »Effi Briest« bekannt. Zahlreiche wissenschaftliche Aufsätze, Hans Werner Seifferts Dokumentation und Veröffentlichungen in Zeitungen, Zeitschriften und im Rundfunk haben die Einzelheiten inzwischen bekanntgemacht. „... aber es tut nichts“, schrieb Thomas Mann schon 1919 im *Berliner Tageblatt*, „man hört sie dankbar noch einmal...“[2] Und das um so lieber, als 1985 das Buch »Fontane nannte sie ›Effi Briest‹ – Das Leben der Elisabeth von Ardenne« von Horst Budjuhn herausgekommen ist. Er, der an den Drehbüchern zu dem Film »Rosen im Herbst« und dem ZDF-Dokumentarspiel »Die Baronin« mitgearbeitet hat, erklärt in der Vorbemerkung: „Die dokumentarische Grundlage dieses Buches wird durch Fiktion ergänzt, wo die exakte Auf- und Nachzeichnung der unmittelbaren Anteilnahme entgegenzustehen droht. So stützen sich jedoch sämtliche fiktiv erarbeiteten Dialoge auf authentische Briefe, Gespräche mit Zeitzeugen und andere Materialien, sie sind nach ihrem Inhalt keine freie Erfindung des Autors.“[3] Die daraus hervorgegangene Darstellungsweise befriedigt – vielleicht – flüchtige Lese-

11

bedürfnisse, erweist sich aber als äußerst unzuverlässig, – und Fontane kommt nur am Rande, so gut wie gar nicht vor. Ihm aber und seinem Roman verdankt sich das Interesse an dem Effi-Vorbild. So werden neben den Äußerungen des Dichters über die Entstehung seines Werkes einige Textpassagen aus »Effi Briest« den autobiographischen Niederschriften Else von Ardennes gegenübergestellt. Auf wissenschaftliche Kommentare wird dabei verzichtet. Hier geht es nicht darum, der Germanistik neue Erkenntnisse zuzuführen. Es soll bloß gezeigt, zum Teil nur angedeutet werden, mit welcher Intensität sich Fontane in fremde Lebensschicksale einzufühlen vermochte und wie er die Umgestaltung des ihm zugetragenen Materials bewältigte, daß daraus, wie Thomas Mann 1939 formulierte, eines der „hochdifferenzierten Alterswerke... [entstand], ein Meisterwerk, [das] ins Europäische reicht."[4]

Im Mittelpunkt dieser Veröffentlichung steht Else von Ardenne, eine Frau, die früh den Vater verlor und deren Mutter die Heirat mit einem Mann in die Wege leitete, den die Tochter ablehnte und dem sie mit entschiedener Abneigung begegnete. Dennoch hat sich Else dem Wunsch der Mutter gefügt. Heute mag dieses Verhalten erstaunlich erscheinen, 1870 gehörte es zur Regel. Was nicht zur Regel gehörte, war der Wille nach Freiheit und selbstbestimmter Entscheidung. Er wurde in dem Moment übermächtig, als die Gegenfigur zum Ehemann in das Leben Else von Ardennes trat, bei Fontane ein Mann vieler Verhältnisse, der Damenmann Major von Crampas, in der Realität der Königliche Amtsrichter Emil Hartwich aus Düsseldorf. Über ihn hat sich der Dichter nicht geäußert. Um so aufschlußreicher und wichtiger sind die Briefe, die Hartwich an Else schrieb und deren Entdeckung schließlich zur Katastrophe führte. Auf den ersten Blick erscheinen viele dieser Briefe nichtssagend und langweilig. Doch es gilt, sie aufmerksam zu lesen, die Sätze noch und noch zu wenden, um zu erkennen, was hinter der Fassade alltäglicher Mitteilungen, mancher Klatschgeschichten und konventioneller Floskeln steckt. Dabei ergeben sich Aufschlüsse, die in zwei Begriffen zusammenzufassen sind: Leidenschaft und Liebe. Zwar ist die Geschichte der Else von Ardenne und des Emil Hartwich auch die Geschichte eine Ehebruchs „wie hundert andere mehr" (Fontane), eines Ehebruchs allerdings, der in einer großen Liebe wurzelt. Sie reichte weit über den Tod Hartwichs hinaus.

Else von Ardenne hat in hohem Alter zwei autobiographische Niederschriften angefertigt. Von der ersten Fassung existieren nur noch Fragmente; das zweite Manuskript ist kürzer und vollständig erhalten. Beide Texte werden ausführlich zitiert. Immer dann, wenn es um Else von Ardennes Sicht der Dinge geht, um ihre Urteile oder Beschreibungen, sind die Niederschriften unersetzbar. Allerdings ist festzuhalten, daß deren Authentizität begrenzt ist. Begrenzt dadurch, daß es sich um *autobiographische* Erzählungen handelt. Bekanntlich hat Sigmund Freud alle Autobiographien scharf verurteilt: was sie so „wertlos macht", dekretierte er, „ist ja ihre Verlogenheit." Freud begründet das einsichtig damit, eine „aufrichtige Lebensbeichte... [erfordert] soviel Indiskretionen über Familie und Gegner, meist noch lebend,... daß sie sich glatt ausschließt."[5] Selbst wenn dem gegenüber festzustellen ist, Else von Ardenne sei weit entfernt davon gewesen, eine Beichte ablegen zu wollen, zeigen ihre Aufzeichnungen, daß Kritik an ihnen berechtigt ist: Else erwähnt Hartwich nie; nur an einer Stelle ist zu ahnen, daß sie ihn meint, aber nicht den Mut aufbringt, ihn beim Namen zu nennen. So ist es in diesem Buch unvermeidlich, daß öfter Vermutungen geäußert werden und manches in der Schwebe bleiben muß.

Bei den hier verwendeten persönlichen Briefen finden sich Schreiben, deren Absender kein Blatt vor den Mund genommen haben. Aber es gibt auch zahlreiche diplomatisch abgefaßte Mitteilungen: Armand von Ardennes einzig erhaltener Brief an seine Frau ist ein Musterbeispiel dafür, wie sich jemand nach außen hin freundlich, formvollendet und höflich gibt, in Wirklichkeit aber heftige Vorwürfe formuliert. Und Hartwichs Briefe sind gleichsam mit Geheimtinte geschrieben. Sie sichtbar zu machen, um das tatsächliche Geschehen möglichst lückenlos rekonstruieren zu können, – von diesem Vorsatz habe ich mich leiten lassen. Den Quellen gegenüber mußte ich eine methodisch bedingte Skepsis walten lassen; das habe ich in der Erzählung wiederholt zum Ausdruck gebracht.

*

Die in den Anmerkungen nachgewiesenen Aufzeichnungen, Briefe, Notizen und amtlichen Dokumente befinden sich im Familienarchiv Ardenne in Dresden (FaAD). Für dieses Buch hat Prof. Manfred von Ardenne mir die Quellen erneut zur Verfügung gestellt. Dafür gilt ihm mein besonderer Dank. Für Informationen über die Familie von Plotho, ausführliche Gespräche und Photos danke ich Wolfgang Frhr. von Plotho, Bonn. In meine Danksagung schließe ich Jutta Neumeister und Barbara Schiller, beide Mitarbeiterinnen im Ardenne-Institut, ein; sie haben wesentlich dazu beigetragen, daß die Kontakte in Dresden reibungslos zustandekamen und der Photokopierer schnell arbeitete.

25. Mai 1994   Manfred Franke

2

Mitteilungen über eine Gestalt als Person: Else (Elisabeth) Edle und Freiin von Plotho-Zerben

Sie war eine standesbewußte Frau, legte Wert auf ihre Herkunft und sorgte dafür, daß auch die Nachwelt davon erführe. Hochbetagt, im Alter von 81 Jahren, schloß sie die zweite Niederschrift ihrer Erinnerungen nicht allein mit dem Namenszug Else Baronin Ardenne, sie setzte hinzu: geb. Edle u. Freiin v. Plotho-Zerben.[1] Und zwölf Jahre später, im März 1946, unterzeichnete sie den Nachtrag zu ihrem handschriftlichen Testament mit dem gleichen Zusatz,[2] – eine „Geborene" wie Effi Briest, die sich, umgekehrt, in einem Brief an ihre Mutter über eine Frau mokiert, die „übrigens keine Geborene" ist, die Frau von Crampas.[3]

Die von Plothos stammen aus hochfreiem Uradel der Mark Brandenburg, der wahrscheinlich auf ein wendisches Herrengeschlecht zurückgeht. Hermannus de Plote wird zum ersten Mal 1135 als Zeuge des Erzbischofs Conrad von Magdeburg urkundlich erwähnt. Die sichere Stammesreihe beginnt mit dem Edlen Gebhard von Plotho, der 1378 aktenkundig wird. Seit 1421 werden die Mitglieder des Geschlechts „Edle" oder „Edle Herren" genannt. 1643 erhielt Wolfgang Edler Herr von Plotho, Freiherr von Engelmünster auf Parey und Weißandt die Reichsfreiherrnstandsbestätigung. Die kurfürstlich sächsische Anerkennung folgte 1658. Wolfgangs Söhne wurden 1675 in den brandenburgischen Freiherrnstand Cölln an der Spree erhoben. 1682 verlieh der Kaiser in Wien das Prädikat „Wohlgeboren", 1750 folgte die preußische Anerkennung, die ab 1878 auf das Gesamtgeschlecht ausgedehnt wurde.[4]

Daß Else von Plotho-Zerben als Kind schon in Genealogi-

*3 Namenszug unter der zweiten Niederschrift der
Erinnerungen Else von Ardennes.*

schen Handbüchern nachgelesen hat von wem sie abstammt, ist
kaum anzunehmen. Wahrscheinlicher dagegen, daß in einer
Familie, die bis ins 12. Jahrhundert nachweisbar ist, von den
Vorfahren gesprochen wurde. Mit Geschichten über sie ließen
sich so manche Nebeltage und lange Herbst- und Winter-
abende abkürzen, und die Kinder erfuhren nicht nur Namen
und Jahreszahlen. Die sind sowieso bald vergessen. Was im
Gedächtnis bleibt, sich einprägt über Jahrzehnte, Jahrhun-
derte hinweg, ist das Außerordentliche. Und wenn dieses
Außerordentliche mit dem Namen von Plotho verbunden ist,
um so besser.

Im Blumberg-Abschnitt des Spreeland-Kapitels der „Wanderungen durch die Mark Brandenburg" (Bd. 4) erzählt Theodor Fontane: „Alles, was sich vor aller Welt Augen zu einem
bestimmten Bilde abrundet, ist immer im Vorteil über das Un-
plastische, das sich in vertraulichem Rat oder gar in einer blo-
ßen Aktenstückszeile vollzieht, und jener Erich Christoph von
Plotho, der zu Regensburg mit jenem berühmt gewordenen:
»was! insinuieren?« den kaiserlichen Notar, Dr. Aprill, die
Treppe hinunterwarf, hat ein ganzes Dutzend Diplomaten in
Schatten gestellt."[5] Ob Else die Beurteilung Fontanes kannte
oder nicht, ob der Vorfall, oft beschrieben und illustriert, den
Tatsachen entspricht oder Anekdote ist, – bis heute wird er in
der Familie von Plotho hochgehalten. Auf einen so uner-
schrockenen, selbstsicheren Mann in der eigenen Familie zu-
rückblicken zu können, verleiht Glanz. Von Plotho zu heißen,
bedeutet mehr als ein x-beliebiger von Y zu sein. Da begeht der

16

Diplom-Ingenieur Hübner in Lindau einen argen faux pas, als er im Februar 1952 Elses Tod auf dem Standesamt anzeigt und ins Sterbebuch knapp und nüchtern eintragen läßt, die Verstorbene sei eine *Geborene von Plotho* gewesen. Deren Schwiegertochter sieht sich veranlaßt, einzugreifen. Sie sucht Dokumente, findet einen Ahnenpass, schickt ihn nach Lindau, und der Beweis wird anerkannt: Da Elses Vater der Freiherr von Plotho war, muß dessen Tochter eine geborene Freiin von Plotho gewesen sein. Das Amtsgericht Lindau korrigiert den Eintrag im Sterbebuch dahingehend, „dass die Verstorbene nicht »von Ardenne geborene von Plotho« sondern »Freifrau von Ardenne geborene Freiin von Plotho« geheissen hat."[6]

„Als Jüngste u[nd] Letzte von 4 Töchtern, die alle zusammen vom Majoratserben überstrahlt wurden, wurde ich am 26. 10. 1853 auf unserem Gut Zerben an der Elbe geboren...", mit diesem Satz beginnt Else von Ardenne die Erzählung aus ihrem Leben.[7] Töchter galten wenig, Söhne alles. Im Fall der Familie von Plotho kam hinzu, daß sie auf einem Majorat lebte, einem Gut, das nur auf den jeweils ältesten männlichen Erben übertragbar ist, und da in dieser Generation der Plotho-Familie der älteste zugleich der einzige männliche Nachkomme war, fiel dessen Schatten um so deutlicher auf seine Schwestern. Er – Wolfgang – wird nicht nur Gutsherr sein, er wird – biologisch und ideell – die Tradition fortführen. In seinen Nachkommen lebt der Name von Plotho weiter, die Töchter werden andere Namen führen: von Witzleben, von Gersdorff, von Ardenne, Namen, die bekannt werden, jeder auf seine Art, bis in den Aufstand vom 20. Juli 1944 und in die deutsche Literatur hinein. Nur Marga, die älteste Plotho-Tochter, bleibt unverheiratet, muß sich der Mutter widmen, für sie da sein, ihr beistehen, wenn es soweit ist. Vorerst hatte es damit noch Zeit. Die Mutter ging im Winter auf Reisen, und da eine Dame der Gesellschaft nicht allein aufbrach, wurde sie von ihrer Tochter Marga begleitet. Die beiden fuhren nach Italien, in die Nähe von Neapel, des Klimas wegen: denn die Zerbener Gutsfrau, musisch begabt, trat als Sängerin auf. Allerdings absolvierte sie

17

keine Tourneen durch die Konzertsäle und Opernhäuser Europas, sondern beschränkte sich darauf, ihre Stimmkünste in den Dienst wohltätiger Zwecke zu stellen. Eine singende Freifrau im Programm zu haben, dürfte eine Attraktion besonderer Art gewesen sein und Besucher ins Haus gelockt haben, die mit Spenden nicht geizten. Solche Auftritte mochte die Freifrau von Plotho-Zerben nicht missen, doch die ständigen Winternebel in unmittelbarer Nähe der Elbe schadeten der Stimme, womöglich wäre die Sängerin für immer verstummt. Das probateste Mittel dagegen war ein Aufenthalt im Süden, – so jedenfalls die Begründung.[8]

Am 24. November 1853 wurde die Jüngste von Plotho, Tochter des Rittergutsbesitzers und Kgl. preuß. Deichhauptmanns Carl Albert Heinrich Felix Otto Waldemar Freiherr von Plotho und seiner Frau Maria Franziska Mathilde, geb. von Welling auf den Namen Elisabeth getauft.[9] Ein Onkel Elisabeths erklärte den Namen für viel zu lang. Welcher Teufel diesen Mann geritten hat, welcher Laune er nachgab, eine viersilbige Elisabeth auf die zweisilbige Else zu verkürzen und sich damit durchzusetzen – der Nichte ist nur in Erinnerung geblieben, daß sie „zu ihrem Leidwesen [ihr] ganzes Leben so gerufen wurde."[10]

Von Else wird kein Aufhebens gemacht. Sie ist ein Kind, zu dem man freundlich ist. Was sie zu Hause nicht lernte, dem Bruder, den Schwestern nicht abgucken konnte, brachte ihr der Gärtner bei: „auf seinen Knien sitzend, habe ich das Pfeifen gelernt."[11] Das ließ sich gut gebrauchen, wenn sie „mit den von mir bevorzugten 5 Buben herum[tobte], die auf einen Pfiff von mir, eilfertig erschienen. Im Dorf hieß ich nun unser Elseken",[12] ein temperamentvolles, in Freiheit dressiertes Kind, beileibe keine Stubenhockerin. Zeitlebens fühlte sie sich in der Natur am wohlsten, zumal wenn sie, kaum ein paar Jahre älter geworden, reiten konnte. Dem Ungezwungenen und Wilden der ihr nachgebildeten Effi Briest verleiht Fontane bildhaften Ausdruck, wenn er „die Kleine" unter „allerlei kunstgerechten Beugungen und Streckungen den ganzen Kursus der Heil- und

Zimmergymnastik" durchmachen läßt. „In allem, was sie tat, paarte sich Übermut und Grazie...". Als Effi „abwechselnd nach links und rechts ihre turnerischen Drehungen" macht und Frau von Briest aufblickt, ruft sie: „Effi eigentlich hättest du doch wohl Kunstreiterin werden müssen. Immer am Trapez, immer Tochter der Luft«."[13] Und ebenso wild und undamenhaft fällt das Bild Effis in den Worten der Freundin aus: „»...du siehst ja aus,... wie wenn du vom Kirschenpflücken kämst,... du siehst aus wie ein Schiffsjunge.«"[14]

Elsekens Zerbener Spiele endeten, als ihre Buben „ein Jahr vor [ihr] konfirmirt [wurden. Sie] mußten dann gleich die Kühe... hüten, wobei ich ihnen gerne half, bis der brave Schultheiß es dem Lehrer petzte, der unserem noch vortrefflicheren Inspektor, der es der ollen Baronschen, meiner guten Mutter [sagte], die mir beibringen mußte, daß diese rendezvous für ein so großes Mädchen nicht mehr statthaft waren. Weshalb nicht, konnte sie mir, u[nd] ich mir noch weniger sagen."[15] Die Mutter wird gewußt haben, warum sie die Zügel anzog. Ein Mädchen, kein kleines Kind mehr und eine Edle und Freiin noch dazu, mit den Hütejungen hinter Büschen und Sträuchern allein lassen...? Viktorianisch wird die Zeit genannt, in der man das unterband, ohne dazu plausible Erklärungen abzugeben.

Freudentage brachen für Else von Plotho an, „wenn wir im Omnibus Alle aufkluckend nach Pennigsdorf [durch] unsere[n] Wald u[nd] Park fuhren. Dort war das Försterhaus, wo uns an besonderen Tagen das alte Försterpaar mit Kaffee u[nd] herrlichem selbst geimkertem Honig bewirtete. Ihr Sohn folgte ihnen in Amt u[nd] Würden. War meine Mutter mit, gab es noch prachtvollere Picniks, die mit allem aus u[nd] einpacken noch intereßanter waren".[16] Darum bemüht, ihr Kindheit in den schönsten und sonnigsten Farben aufleuchten zu lassen – eine Eigenart vieler, die rückschauend von ihrem Leben erzählen –, würdigt Else von Ardenne auch das Verhältnis zu denen, die auf dem elterlichen Gut arbeiteten:

„Da fährt als Erster unser alter Kutscher Hüneke im leichten

4 *Steinzeichnung von Max Liebermann: Effi auf der Schaukel.*

Jagdwagen vor. Immer dazu bereit, seinen Herren durch seinen Wald u[nd] Felder zu fahren, ein schweigsames Paar. Anders wie wenn »de olle Baronsche« den großen Omnibus bestellt u[nd] »nu jawoll allens Kinder ihr hew, uff...«

Nur von einer Nachtfahrt wurde erzählt, wo der Wagen, durch den Sand mahlend, schwere Seufzer von Beiden hörte, bis der Herr fragte »na Hüneke was seufzt Ihr denn so?« »Je nu, Herr Baron, hew jo 5 jute Jroschens im Schafskop verlohren.« Worauf Vater in die Tasche gegriffen, »5 Gute« ihm in die Hand gedrückt u[nd] mit schwerer Stimme gesagt »Hüneke wenn's doch bei mir auch 5 gute Groschen wären.«

Dann wieder unser Prachtskerl, der schon bei meinem Vater in Quedlinburg bei den 5. Küraßiren gewesen, mit meinen Eltern nach Zerben zog u[nd] dort immer treu dienend, bis zuletzt da auch starb. Wir Kinder fürchteten u[nd] liebten ihn, bei Tisch erzog er uns streng, übersah so gar, wie wir erwachsen waren, unsere flehentlichen Augen, nahm den Teller nur, wenn wir alles säuberlich aufgegessen. Er hielt auf Ordnung u[nd] Sitte in allem."[17]

Auch wenn diese Szenen, als Else von Ardenne sich an sie erinnerte, über siebzig Jahre zurücklagen und sie selbst schwerste einschneidende Erfahrungen hatte machen müssen, – der Adelsstolz ist dieser Frau geblieben und damit das Bewußtsein von der ihr natürlich erscheinenden Ordnung im Sozialgefüge: hier die Gutsbesitzersfamilie, dort deren treu ergebenen dienstbaren Geister, die im Dialekt reden, und mit denen man, um nicht allzu sehr den Unterschied von Oben nach Unten zu betonen, ebenso gesprochen haben wird.

Else von Ardenne stellt ihr ungezwungenes, natürliches Verhältnis zu den Leuten im Dorf, vor allem zu Gleichaltrigen, als unmittelbare Folge zu etwas „Traurigem und Schwerwiegendem" dar. Zweiundvierzigjährig starb ihr Vater 1864, wahrscheinlich nicht, wie behauptet wurde, von eigener Hand, – er soll den Folgen eines Jagdunfalls erlegen sein.[18] Else war alt genug, die Trauer um diesen Verlust zu empfinden. Aber welche Konsequenzen der Tod des Chefs eines großen land- und

5 Elses Vater: Felix Edler Herr und Frhr. v. Plotho.

forstwirtschaftlichen Betriebs mit sich brachte, zu dem neben Zerben die Güter Pennigsdorf und Güsen gehörten, welche neuen Aufgaben dadurch auf die Mutter zukamen, die jetzt nicht allein für fünf Kinder verantwortlich war, überstieg die Vorstellungskraft der Elfjährigen. Was deren Leben angeht, so erinnerte sich die alte Frau später, der Tod des Vaters habe ihr vor allem „sehr viel größere Freiheit... verschafft...“[19] Eine Freiheit, die sie, so weit nur eben möglich, ausnützte. Die Mutter dagegen nahm „klug und fest die sparsame Führung in die Hände; im Großen wie im Kleinen, sich immer dem Rat u[nd] den] Vorschlägen unseres vortrefflichen Inspektors [und] Försters fügend. So ruhte Seegen in den Jahren auf Zerben, wenn ihrer [der Mutter] ängstlich sorgenden Natur auch viele Kämpfe u[nd] Ängste nicht erspart blieben“. Die verstärkten sich, als der Gutsinspektor 1877 starb, der, wie Else von Ardenne betont, immer zur Stelle war und nie Urlaub machte: „Ausruhen kannte man damals noch nicht." Doch fehlten nicht nur die „sichere[n] Berechnung[en]" dieses Mannes. Was auch die beste Planung über den Haufen warf, waren Naturgewalten, die „bösen Elbüberschwemmungen", die zu Mißernten größten Ausmaßes führten und alles in die „schlammigen Fluten herabzogen."[20] Da sah sich Wolfgang von Plotho – längst war aus Elseken die Baronin von Ardenne geworden – 1908 dazu gezwungen, Zerben, Pennigsdorf und Güsen zu veräußern.

Neben dem unmittelbaren Einfluß der Mutter bestimmten der Pfarrer und eine Gouvernante die Erziehung des Mädchens. Nach ihrer Konfirmation am 14. März 1868 wollte Else „nur rasch sterben u[nd] in den Himmel fliegen". Die alte Frau, die das aufschreibt, merkt dazu an: „vielleicht eine Vorahnung, wie schwer das Erdenleben es uns oft" macht,[21] – eine nachgetragene Überlegung, die aus der Erfahrung späteren Lebens stammt. Tatsächlich dürfte der Pfarrer mit seinen Predigten und dem, was er im Konfirmandenunterricht propagierte, Jenseitssehnsüchte in einem schwärmerisch veranlagten jungen Menschen geweckt haben, dem mehr damit gedient gewesen wäre, tragfähige Vorstellungen davon zu bekommen, wie er mit dem Leben, wie es ist, fertig wird. Die Konfirmandin hat ihren Pastor durchschaut, insofern zumindest, als ihr dessen Ausweichen auffiel: „Unserem guten Pfarrer waren die viel fragenden Kinder seines Patronatsherren leicht unbequem, er fertigte sie gerne mit den Worten ab, »Darüber denkt man nicht nach.« So wurde er uns kein weiser Führer."[22] Nicht anders reagierten die Bauern, als ihr Pfarrer auf einer Fahrt nach Hamburg starb. Die Leute wollten – wenigstens den Kindern gegenüber – vom Tod nichts wissen: „»i wo, der [Pfarrer] is nach Amerika gefahren«".[23] Viktorianisches Verhalten nicht nur beim Thema Sexualität; auch deren Kontrapunkte – Sterben und Tod – werden mit Redensarten beiseite geschoben.

Wie bei adeligen Familien üblich, wurde Else von Plotho von

einer Privatlehrerin unterrichtet. Dieser Frau galt in doppelter Hinsicht die Skepsis ihrer Schülerin. Deren Unwille galt einerseits dem Unterricht, bei dem die beiden „meist recht gelangweilt u[nd] unwissend [einander] gegenüber[saßen]."[24] Hinzu kam: die Lehrerin war nicht nur unfähig, sie war auch faul. Erst kurz vor Beginn der Stunden schlug sie das Schulbuch auf. So litt der Unterricht, den Else in Zerben erhielt, erheblich unter der „langweilig[en und] trübseligen Leitung" der Gouvernante.

Verhielt sich diese Frau nur aus Unfähigkeit und Temperamentlosigkeit so? War sie schlechthin eine pädagogische Fehlbesetzung? Else von Ardenne – dies ihr zweiter Kritikpunkt – empfand „noch alberner…, wenn sie [die Erzieherin] mir, um mich an zu spornen, in der Klavierstunde sagte »ich weiß, Ardenne heiratet Dich doch mal«".[25] Was wohl heißen sollte: warum mühe ich, deine Lehrerin, mich mit dir überhaupt ab, Mädchen sind sowieso zur Heirat bestimmt! – eine Ansicht, die ebenso zeitbedingt ist, wie sie von den Zerbener Bediensteten uni sono geteilt wurde.

„Schon wenn ich", schreibt Else von Ardenne, „wilde Spiele mit meinem Fünfergespann spielte, ich mich schnell vor den Zieten Husaren hinter dem Zaun versteckte, sagte mir der Schäfer, auf die herein reitenden Offiziere weisend, »mach man, daß Du in's Schloß kommst, sonst kriegst Kenen von denen noch aff.« Das kam mir nur lächerlich vor. Dagegen ärgerte ich mich wütend, sah ich unseren Carl, den Bedienten suchend kommen, mit der üblichen Order, »Elseken mach rasch daß Du rein kommst, Du sollst den Fähnrich v. Ardenne Klavier spielen hören, sagt die Frau Mama.« Wer mehr über den Störenfried geschimpft, die Jungens oder ich, kann ich nicht mehr sagen."[26]

Maria von Plotho stellte zum frühest möglichen Zeitpunkt die Weichen für Elses weiteres Leben. Töchter durften sich heirats„politischen" Überlegungen ihrer Familie nicht verschließen. Fehlende Zuneigung zu dem in Aussicht genommenen Partner galt nur in Ausnahmefällen als Hinderungsgrund.

Wurden die Ansprüche subjektiver Empfindungen zufällig und zusätzlich erfüllt – schön und gut, Liebe konnte nicht schaden. In erster Linie aber ging es um die Zugehörigkeit zu einer Kaste, um Reputation, Geld und Einfluß. Bei dem Zustand, in den der Grundbesitz der von Plothos mehr und mehr geriet – Else von Ardenne spricht bald vom „Zerbener Abgrund" – , dürfte das Sicherheitsbedürfnis hinzugekommen sein. Eine unverheiratete Tochter – Marga von Plotho – wurde akzeptiert, war sogar erwünscht, weil die verwitwete Mutter für ihr Alter vorsorgen wollte. Zudem geisterten Sitzengebliebene als abstruse Schreckgespenster durch die Gazetten, Romane und Komödien. Aller Spott, deren jene Epoche fähig war, wurde über die ihr Leben lang ledig Gebliebenen ausgegossen. Daß sie für einen Beruf hätten ausgebildet werden können, paßte – noch – nicht in die Köpfe oder höchstens in die der Avangardisten. Für eine Edle und Freiin stand das jedenfalls nicht zur Debatte. Konnte da ein junger Mann, der auf dem besten Weg war, Berufsoffizier in der preußischen Armee zu werden, nicht schnell und wirksam Abhilfe schaffen? Wie kindlich Else noch sein mochte, – der Freifrau von Plotho kam es darauf an, die Tochter rasch unter die Haube zu bringen.[27]

Als „wir uns das erste Mal... unverhofft in dem Zerbener Entrée sehr verlegen... sahen, [huschte] ich schnell davon".[28] Die Verlegenheit, an die sich Else erinnert, ist bei ihr, der damals Vierzehnjährigen, darauf zurückzuführen, daß sie natürlicherweise noch völlig in ihre unausgegorenen Gedanken eingesponnen und von pubertären Stimmungen beherrscht war. Sie konnte nicht anders als den uniformierten Klavierspieler als ungebetenen Gast zu empfinden und die Flucht anzutreten.

Und der Störenfried? Der Zerbener Schloßeingang wird kaum so weitläufig und ausladend gewesen sein, daß man auf jemanden, auf den man es abgesehen hat, nicht leicht und einladend hätte zugehen können. Aber dazu muß man imstande sein, muß die passenden Worte parat haben. Jetzt ist der Augenblick dazu gekommen, der Moment aller Momente, zu grüßen, einen guten Tag zu wünschen und ein Gespräch zu be-

6 *Ihre Mutter wollte sie rasch unter die Haube bringen:*
Else von Ardenne als junges Mädchen.

7 *Schloß Zerben im Kreis Genthin a. d. Elbe:*
das Elternhaus von Else von Ardenne.

ginnen. Aber wie? Nichts leichter als etwas Alltägliches sagen,
nichts allzu Banales, und – Gott bewahre – auch nichts Anzüg-
liches. In wohlgesetzten Worten muß man sprechen, das versteht sich. Hochdeutsch natürlich, nicht im heimatlichen Leipziger Dialekt. Jedenfalls reden, das ist unbedingt nötig. Doch
der Fähnrich schweigt, ist gehemmt, ein altes Leiden. Zwanzig
Jahre später läßt er die Katze aus dem Sack und gesteht, „daß
schon die kleinen Mädchen in der Tanzstunde mich nicht leiden
konnten."[29] Und so einer will sich jetzt ins rechte Licht rücken
und um eine Vierzehnjährige werben?

Was beim Klavierspiel in Zerben so gründlich fehlgeschlagen
war, hätte vielleicht bei nächster Gelegenheit doch noch gelingen können. Der Bruder, der in Bonn Jura studierte und dem
Corps Borussia angehörte, war mit Freunden zu Besuch in Zerben, unter ihnen Graf v. d. Groeben, Graf Kanitz, der Schotte
Winsloe, Elses zukünftiger Schwager von Witzleben – alle Zie-

27

ten-Husaren aus Rathenow. „Unter allen nahm aber Ardenne der auch Einer der tüchtigsten Renn[reiter] geworden, die Tête; sah auch diese als sein gutes Recht an." Am nächsten Tag hatte er in seiner Garnisonsstadt Kirchendienst und nahm wehmüthig Abschied. Ehe er losritt, forderte Frau von Plotho, „des 6stündigen Ritts sicher, [Ardenne] höflich auf, nach der Kirche wiederzukommen"[30], keine Schwierigkeit für einen draufgängerischen, gut trainierten Reiter: „Er strahlte auf, ritt in der Nacht nach Rathenow, behauptete später, wenigstens kirchfromm gewesen zu sein u[nd] traf zum Schrecken meiner Mutter auf [einem] neuen abgerittenen Pferd zur Gaudi seiner Kameraden den Nachmittag frisch u[nd] fröhlich wieder vor sie hin"[31].

Die karge Erzählweise darf nicht unterschätzt werden. Sie scheint hier bewußt gewählt worden zu sein, als Strategie gleichsam, die es erlaubt, etwas auszudrücken, was zu der Geschichte gehört, was aber unverhüllt zu sagen unschicklich wäre. Die Bemerkung, Ardenne habe es als sein gutes Recht angesehen, die Tête einzunehmen, zeigt einen selbstsicheren jungen Mann. Was veranlaßte ihn dazu? Daß er sich öfter in Zerben aufhielt, Klavier spielte und andere ihm zuhörten? Machte ihn das Musizieren zur besonderen Person? Oder war da noch etwas anderes? Verbirgt sich hinter der Zuneigung zur Musik noch eine andere Zuneigung? Deutet die Tochter in ihrem Text überaus diskret an, worüber in der Familie mehr geschwiegen als gesprochen wurde und was noch heute als eine mehr platonische Angelegenheit hingestellt wird?[32] Die Aufforderung, Ardenne solle nach dem Gottesdienst zurückkommen, wäre in der Tat nichts weiter als eine höfliche Floskel, hätte Else nicht hinzugefügt, ihre Mutter sei „des 6stündigen Rittes sicher" gewesen. Im Klartext heißt das: das schafft der doch nicht, den sind wir los. Wieso wollte sie das aber? Sie war doch dabei, die Ehe zwischen ihrer Tochter und Ardenne anzubahnen. Warum erschrak sie, als er am folgenden Nachmittag zurückkam und „frisch u[nd] fröhlich wieder vor sie" – und nicht vor die Tochter! – hintrat? Befürchtete Maria von Plotho,

8 Elses Mutter, Maria von Plotho geb. v. Welling.

daß es zwischen ihm, der die »Tête« einnahm, und ihr zu einem Tête-à-tête kommen könnte? – Else von Ardennes Sätze fordern zu mehr Fragen heraus, als daß sie sich verläßlich beantworten lassen.

3

Armand Léon von Ardenne

Die Beziehung des in Rathenow stationierten Fähnrichs von Ardenne zu dem Fräulein von Plotho blieb einstweilen im ungewissen. Zwar hatte sich der musikalisch begabte, nicht zuletzt deshalb in Gesellschaft gern gesehene junge Mann im Zerbener Schloßeingang eine Abfuhr geholt, die selbst durch den nächtlichen Parforceritt nicht wettzumachen gewesen war, doch dürfte Ardenne das noch nicht allzu ernst genommen haben. Das gibt sich... Das wird noch... Wenn die Kleine erst zur Besinnung kommt...: mit solchen Redensarten ließ sich Mut herbeireden. Und der war nötig.

Die Familie Ardenne stammte nämlich nicht aus Deutschland. Während die von Plothos zum ersten Mal 1135 in Magdeburg erwähnt werden, beginnt die Stammreihe Ardenne fast 500 Jahre später 1653 mit Antoine Thiry Dardenne aus Verviers. Das belgische Baronat erhielt Louis Célestin Prosper d'Ardenne am 30. 6. 1857, der Königlich belgischer Generalkonsul für das Königreich Sachsen in Leipzig war. Dort wurde sein Sohn Armand Léon am 26. 8. 1848 geboren. Ausgedehnt wurde das belgische Baronat für die gesamte Nachkommenschaft am 8. 2. 1871. Am 9. 10. 1873 erhielt Armand die preußische Genehmigung zur Führung des Barontitels.

Die Akten, die das belegen, sind 1945 im Heroldsamt des Geheimen Staatsarchivs in Berlin verbrannt,[1] aber der Gotha existiert in vielen Bänden weiter.[2] Freilich beschränkt er sich auf die unbedingt notwendigen Angaben zur Genealogie und überliefert nicht, ob jemand Fürsprache für Armand von Ardenne geleistet, wer ihn wärmstens empfohlen hat, – eine Vermutung, die in der Familie von Plotho nicht ausgeschlossen wird. Und zwar habe sich Maria von Plotho – sei es schriftlich, sei es gesprächsweise – dafür verwendet, daß Armand den preußischen Barontitel erhielt. Umgekehrt soll Ardenne alles daran gesetzt haben, sich einer möglichen Fürsprache würdig zu erweisen. Denn allein damit, in den geselligen Kreis auf Schloß Zerben aufgenommen zu werden, dort zu musizieren und der Hausherrin schöne Augen zu machen, ließ sich eine militärische Laufbahn nicht sichern, vor allem deshalb nicht, weil der Offiziersanwärter aus jungem belgischen Adel stammte. Die lockere, zu nichts verpflichtende Bekanntschaft mit den von Plothos mußte auf eine solide, dauerhafte, über jeden Zweifel erhabene Basis gestellt werden. Was eignete sich dazu besser als die Ehe mit Else.[3]

Ein Gutachter, dessen Name nicht angegeben ist, hat ein „...graph.[ologisches] Charakterbild" Ardennes entworfen, möglicherweise auf dessen Anregung oder Bitte hin, jedenfalls mit Wissen des Beurteilten, der direkt angeredet wird:

„Sie sind ein lebhafter energischer Geist u[nd] Charakter, gewohnt die Dinge als Grosses und Ganzes aufzufassen u[nd] sich nicht allzu sehr in Details ein zu lassen. Noblesse der Anlage verbindet sich mit Weite des Horizontes, es muss bei Ihnen alles en gros gehen, Kleinlichkeit u[nd] Engherzigkeit widerstreben Ihrer ganzen Naturanlage. Sie haben ein starkes selbst leidenschaftliches Empfinden u[nd] sind der Treue fähig, aber Sie sind viel mehr Realist als Idealist; Sie nehmen die Dinge mehr von der practischen als von der idealen Seite. Sie sind an grosse Verhältnisse gewöhnt u[nd] gewöhnt sich frei u[nd] ungehemmt zu bewegen. Sie geben gerne reichlich u[nd] brauchen auch viel, aber Sie sind dann kein gedankenloser Verschwender; vielmehr zeigt sich freilich manchmal am falschen Ort ein Streben nach Sparsamkeit. Sie sind thätig u[nd] energisch, scheuen auch den Kampf nicht, lassen sich nicht ungestraft nahe treten. Ein starkes so wohl persönliches als aristokratisches Selbstgefühl ist vorhanden. Sie treten sicher auf u[nd] hören[?] sich gerne Comfort u[nd] Erdenfreuden lieben,... ohne jedoch ein raffinirter Genußmensch zu sein. Hie u[nd] da zeigt sich ein wenig Pose u[nd] Schauspielerei, jedoch sind Sie ein durchaus ehrenhafter Charakter u[nd] gehen nur grade Wege. Diplomatische Schlauheit u[nd] berechnende Klugheit sind nicht vorhanden. Ihr Urtheil ist schnell fertig, aber es ist zu sehr beherrscht durch Ihr stark subjektives Empfinden um streng objektiv zu sein. Ihre Interessen drehen sich um Dinge dieser Erde, abstracte Wissenschaften u[nd] überspannter Idealismus sind nicht Ihre Sache, Sie sind vor allem Realist."[4]

Dieser Text vermittelt ein so oberflächlich-positives Persönlichkeitsbild, daß allein deshalb schon Zweifel an der Seriosität der Aussagen angebracht sind. Hinzu kommt: als Grundlage des Gutachtens wird in der Überschrift die Graphologie angeführt, an keiner Stelle jedoch finden sich entsprechende Beweise. Einige Aussagen indessen sind zutreffend: „Sie sind thätig u[nd] energisch, scheuen auch den Kampf nicht, lassen sich nicht ungestraft nahe treten.... Ihre Interessen drehen sich um Dinge dieser Erde... Sie sind vor allem Realist." Eine vierte Aussage, nach der bei Ardenne diplomatische Schlauheit und berechnende Klugheit nicht vorhanden seien, dürfte mehr Schmeichelei als gesicherte Erkenntnis sein. So dient dieses Charakterbild eher der Selbstbestätigung als der Erkenntnis.

Ardennes Denkweisen und Anschauungen gehen unmittelbar aus den von ihm veröffentlichten Büchern hervor: aus der 1874 erschienenen „Geschichte des Zieten'schen Husaren-Regiments"[5] und aus „Bergische Lanziers. Westfälische Husaren Nr. 11" von 1877.[6]

Die Geschichte der Zieten-Husaren schrieb Ardenne auf Befehl des Prinzen Friedrich Karl von Preußen,[7] dem der Verfasser sein Buch „in tiefster Ehrfurcht"[8] widmete. Mit der Übernahme dieses Auftrags waren naturgemäß bestimmte Erwartungen verknüpft, die Ardenne in keiner Weise enttäuschen durfte. Die Schlacht vom 18. August 1870 wird als „ungeheurer strategischer Erfolg" gefeiert, der darin bestand, daß „die bei weitem tüchtigste Armee Frankreichs in die Hände

Sr. Königlichen Hoheit des Prinzen Friedrich Carl"[9] fiel. Als er auf dem Schlachtfeld eintraf, gab „Seine wohlbekannte Erscheinung... der ringenden Armee neue Spannkraft."[10] Die Kapitulation von Metz »schmückte« „den Namen des Prinzen Friedrich Carl aufs Neue mit wahrhaft unsterblichem Ruhme."[11] Als es darum ging, „den bei Orleans stehenden weit überlegenen Feind konzentrisch" anzugreifen und dabei „eine überaus lange Front" entstand, was „große Gefahren [auf preußischer Seite] involvirte", ließ „Der bewährte Feldherrnblick des Feldmarschalls... das überaus kühne Unternehmen wagen..."[12]

Ardenne schildert als Kombattant und preußischer Patriot den Krieg, soweit sein Regiment daran beteiligt war. Dazu sammelte er bereits gedruckte Quellen, neben anderen, falls Zeugnisse deutscher Gewährsleute fehlten, die französischer;[13] außerdem sichtete er Memoiren, Briefe, Tagebücher und Akten des großen Generalstabs. Hinzu kamen Regimentsunterlagen und die „*Erinnerung des Verfassers.*"[14] Sie waren für Ardenne besonders wichtig, denn „gerade über diese [die eigene Erinnerung] zeigte sich das vorhandene Material am dürftigsten."[15] Um dieses Manko auszugleichen, brachte sich der Autor selbst ins Spiel: „Die letzten beiden Kriege [1866 der gegen Österreich, 1870/71 der gegen Frankreich] sind nach den Papieren des Regiments und nach der Erinnerung des Verfassers bearbeitet...",[16] ein recht modernes Verfahren: Zeitzeugenschaft – heute als Original-Ton gang und gäbe – wird eingebracht. Nur wer dabei gewesen ist, kann Zutreffendes von den taktischen und strategischen Planungen, deren Umsetzung und Begleitumständen vermitteln.

Bei dieser Authentizität anstrebenden Methode wollte Ardenne so viele Erlebnisberichte wie möglich in die Darstellung aufnehmen. Sei es, daß solche Schilderungen nur in ungenügender Anzahl verfügbar waren, sei es, daß er seinen engsten Kameraden einen Gefallen tun wollte, – zu den zitierten Offizieren gehören sowohl sein Freund von Wedell[17] als auch sein zukünftiger Schwager von Plotho.[18] Und da der Verfasser selbst einiges für den Krieg in Frankreich Charakteristische er-

9 Armand von Ardenne als Offizier 1870/71.

lebt hat – vor allem die Wirksamkeit der Franktireurs, des
„nicht uniformirt[en] . . . zusammengelaufene[n] Gesindel[s]“ –
gibt er zu diesem Thema sowohl eigene Erfahrungen als auch
allgemeine Überlegungen zu Protokoll:

   „. . . In St. Leger macht der Weg eine scharfe Biegung und
steigt in ein tiefes Waldthal hinab, sich mehr und mehr ver-

engend, so daß wir kaum noch zu Dreien reiten konnten. Auf der Höhe von St. Leger angekommen, flammte zu unserer Linken ein mächtiges Feuer auf; allein es war zu spät, es zu löschen.

...Das Gestrüpp zu beiden Seiten... war so dicht und verworren,... daß selbst ein einzelnes Pferd sich nicht einmal im Schritt darin hätte fortbewegen können. Ich... trabte... rasch vorwärts....

Es fielen einige Schüsse.... Gerade wollte ich absitzen, als plötzlich von vorn und von beiden Seiten ein außerordentlich heftiges Feuer begann, die Husaren kamen aus den Büschen zurückgejagt und meldeten, daß der ganze Wald von Feinden wimmle. In demselben Augenblick sprangen zwei Franktireurs hinter den Bäumen vor und setzten mir die Flinten auf die Brust. Ich hatte gerade noch Zeit, mich rücküber auf die Kroupe meines Pferdes zu werfen, als beide Schüsse losgingen, so daß der heiße Pulverdampf mir über das Gesicht strich. Mein Pferd stieg, ich gab ihm die Sporen und ritt meine Gegner um.

...Unter dem betäubenden Geschrei der Feinde, die überall auftauchten, jagten wir dicht geschlossen zurück. Bald merkten wir, daß der ganze Weg bis zum Ausgang des Waldes dicht vom Feinde besetzt sei."[19]

Über das Zustandekommen der „Revolutionsbanden" und die durch sie erschwerte Kriegführung heißt es: „Wie die Pilze nach dem Regen schossen die Anführer der Guerrillas aus dem Boden. Derjenige, der die bizarrste, bunteste Uniform und den düsterst klingenden Namen erfand, der hatte den meisten Zulauf, wenn er seine Werbetrommel ertönen ließ. Da gab es auf einmal ourses de la Bretagne, franctireurs de la mort, de l'amour de la patrie, des vengeurs, des serpents du midi, und was der Drolligkeiten mehr waren. Diese Leute, die nicht in den festen Rahmen regulärer Truppen zu bringen waren, haben allerdings das Menschenmaterial für die eigentlichen Armeen verringert und dadurch indirekt die Wehrkraft ihres Landes geschwächt; ...für die deutsche Kavallerie waren sie aber sehr unbequeme Gegner, weil sie bei ihren Kreuz- und Querzügen das Land insurgirten, die kleinen deutschen Patrouillen aus sicherem Versteck anschossen, kleine Ueberfälle in Szene setzten und durch ihre Unfaßbarkeit selbst größere Kavalleriekörper zwangen, in ewigem Alarmzustand zu verharren. Die drei Armeen, die Frankreich nach Beginn der Einschließung von Paris zu bilden begann, ... hatten eine wahre Wolke dieses Gesindels vor ihren Fronten, und unsere Patrouillen, die im Anfang des Feldzuges so unbesorgt und sicher dicht an den Feind heranreiten konnten, lernten bald jede dichte Hecke, jedes Haus, jeden Dorfeingang mit mißtrauischen Augen betrachten.

Die Defensive taugt für die Kavallerie unter keinen Umständen etwas, die Rolle die ihr aber vor Paris zufiel, war die unerquicklichste, die sich überhaupt denken ließ."[20]

Das Konzept für den Guerillakrieg, „die Idee, von den Provinzen aus Paris und somit das Land zu retten",[21] geht auf Leon Gambetta zurück, den „fanatischen Republikaner, de[n] zungenfertigen phrasenreichen Advokaten",[22] der sich „als der Agamomnon Frankreichs gerirte",[23] wie Ardenne kommentiert. Zugleich aber zollt er „dem wild energischen, großartigen Organisator"[24] des nationalen Krieges Respekt.

Die Faszination, die für Ardenne von Kampfhandlungen größeren Stils ausgeht, kommt besonders eindrücklich in der Beschreibung zum Ausdruck, mit der er die Schlacht vom 16. August 1870 abschließt:

„Es bot einen eigenthümlichen, schauerlich grandiosen Anblick, wie in der dämmernden Sommernacht hunderte und tausende von Flammenstrahlen aus den Gewehren zuckten und noch ab und zu aus dem Rohre eines Geschützes eine lange Feuersäule herausbrach. Als die Dunkelheit schon fast vollkommen hereingebrochen war, rasselten noch einmal preußische Reitergeschwader an unserm Regiment vorüber; es war die 6. Kavallerie=Division, die sich noch einmal entschlossen in den Feind stürzte und die Wogen ihres Angriffs bis in die Dorfstraßen von Rezonville trug. Als dann die melancholisch klingenden Töne des Appellsignals die Trümmer der Reiterschaaren zurückrief, erstarb das Feuer allmälig, noch wie nasses Pulver eine Zeitlang wieder aufflackernd und verlöschend.... Der

Mond war aufgegangen und beleuchtete mit seinem geisterhaften Licht die blutige Walstatt..."

Als klein gedruckte Anmerkung folgen die Angaben: „Die Franzosen verloren 879 Offiziere, 16128 Mann; die Preußen 711 Offiziere, 15079 Mann, 2736 Pferde."[25]

Bei allen Kriegsereignissen, die der Autor zusammentrug, und den daran geknüpften Überlegungen verfolgte er pädagogische Absichten: er will „die fast vergessenen Großthaten des Regiments der jetzigen Generation... erzählen,... [und ist] bemüht so zu schreiben, daß ein Verständniß der Begebenheiten allen Mitgliedern des Regiments möglich ist"; besonders „den Unteroffizieren und Husaren [sollen] in faßlicher Weise die heroischen Kämpfe früherer Zeiten [vorgeführt werden], um sie zur Nacheiferung anzuspornen."[26]

Ardenne verschweigt die Schattenseiten des Krieges keineswegs. Bei der Schilderung des „todesmuthigen Sturm[s] auf die Höhen von St. Privat und Amanvilliers" räumt er ein, dieser Angriff sei „das Grab der Garde"[27] gewesen. Die hohen Verluste – 899 Offiziere, 19.260 Mann, 1877 Pferde – und die „Qualen der unzähligen Verwundeten, deren verstümmelte Glieder ohne Schutz dem tödtlichen Hauch der kalten Nacht preisgegeben waren",[28] hätten sich auf die Stimmung der Truppe ausgewirkt; bei aller Siegesfreude sei sie sehr ernst gewesen. Alle Anstrengungen sind aber durch den Sieg gerechtfertigt: „...der Krieg [hatte]... die Bande [noch fester] geschlungen, die Volk und Heer verknüpfen – wir denken, fest genug für alle Zeiten, um allen zersetzenden und aufreizenden Theorien unserer gährenden Zeit zu widerstehen."[29] Zu dem Zersetzenden und Aufreizenden gehören für Ardenne nicht nur sozialistische Vorstellungen,[30] sondern neben der „klatschsüchtige[n] Tagespresse"[31] auch die „jüdische Schöngeisterei".[32] Ardenne zufolge war sie schuld daran, daß bei einigen Truppenteilen in Berlin die „Frivolität... herrschend geworden"[33] ist. Dem gegenüber reklamiert er für die Armee die „spartanische... Lebensweise, die der große König seinen Offizieren so trefflich anzuerziehen gewußt hatte."[34]

Die Teilnahme am Krieg hat Ardenne zu einem glühenden Verehrer und Parteigänger der Hohenzollern gemacht: „... mächtig und überwältigend ist das Bewußtsein..., wie sehr unser Vaterland zu preisen ist, daß es den Kaiser Wilhelm sein eigen nennen darf."[35] Der Autor erweist sich als ein anschaulich formulierender, sachkundiger Mann. Wo es ihm angebracht und gerechtfertigt erscheint, bringt er fachliche Kritik an und macht Verbesserungsvorschläge, verläßt aber nie den Rahmen der bestehenden Verhältnisse. Mit beiden Veröffentlichungen machte sich Ardenne einen Namen als Militärschriftsteller und empfahl sich für höhere Aufgaben. Zu Pfingsten 1869 war er davon allerdings noch weit entfernt.

4

Ein Ritt mit Folgen

Der sechsstündige Parforceritt von Rathenow nach Zerben zeigt einen Fähnrich, der alles andere als gehemmt, unsicher und zurückhaltend war. Freude, Übermut und Zielstrebigkeit kennzeichnen den jungen Mann, der darauf brennt, im Kreis seiner Kameraden die „flotte[n] Bursche[n]" vom Bonner Corps Borussia „aus dem Sättelchen [zu] heben." Bei „eine[r] große[n] gemeinsame[n] Reiterei",[1] die man verabredet hatte, würde sich zeigen, wer mutiger war und besser reiten konnte – die Herren Zivilisten von der Rheinischen Friedrich-Wilhelms-Universität oder die Zieten-Husaren. Einen Nachmittag lang zu Pferd auf den weiten Elbwiesen zu verbringen, versprach ein besonderes Ereignis zu werden. Und: Else von Plotho wird dabei sein. Da mußte sich doch die Gelegenheit zu einem Gespräch ergeben. Vielleicht ließ sich die alles entscheidende Frage anbringen, vorsichtig gestellt, aber nicht zu unverbindlich, denn man will doch endlich klare Verhältnisse haben.

Noch ehe sich Else von Plotho versah, hatte Ardenne sie in die Situation hineinmanövriert, in der er sie haben wollte. Er bietet ihr „sein brillant zugerittenes Pferd" an.[2] Sie stimmt zu, und: „. . . Alle sagen mir herrliche Dinge, nur er sagt, »m. gnädiges Frl., das Pferd geht wundervoll unter ihnen«, höchstes Lob eines Kavalleristen, das ich aber nicht verstehe",[3] – *noch* nicht. Die Kavalkade führt über die Elbwiesen, die Pferde springen zum Galopp an, das Jungvieh, die Fohlen rennen mit. Dann ein Graben. Else hält an, dreht sich zu Ardenne um: Soll ich den nehmen? Die Antwort: Um Gottes Willen, nein! Gerade dieses Nein, ein ebenso guter wie ernst gemeinter Rat, reizt Else von Plotho; sie schreibt sogar: er „verstimmte mich noch mehr."[4] – Noch mehr als was? Als die ganze Reitveranstaltung? Das nicht verstandene Kompliment? Den dahinter verborgenen Annäherungsversuch? Den Mann Ardenne? Oder daß ihr, die auf dem Land groß geworden ist, jemand nicht zutraut, mit einem Pferd einen Graben zu überspringen? – „meine Reitgerte sauste über das edle Tier, das mit einem großen Satz das Hindernis nahm. Dieser war [so] gewaltig, daß der Ruck mir die Besinnung nahm. Ich schlug rechts über u[nd] wurde einige Galoppsprünge noch vom braven Tier geschleift."[5] Ein heilloses Durcheinander setzt ein, alle wollen der Bewußtlosen helfen: „meine Schwester Gersdorff rast nach Hause, ihr Verehrer Wedell als ihr Retter ihr nach. Mein Bruder zum Dr. nach Parey; ein Anderer reißt dem Schäfer seine Flasche fort, reitet zur Elbe, Waßer holen. Nur Ardenne hat mich Leblose in seine Arme genommen, giebt mich erst ab, wie Mama mit dem Wagen kommt."[6]

Else von Plotho, mit einer leichten Gehirnerschütterung davon gekommen, mußte als „geschundener Raubritter"[7] Bettruhe halten, der Arzt setzte Blutegel. Und Ardenne, der den Unglückssprung nicht verhindert und dafür die Bewußtlose – immerhin die – in seinen Armen gehalten hatte, machte sich schwere Vorwürfe und „wollte sein unschuldiges Tier tot schießen; statt deßen bestieg es meine Schwester Getrude den nächsten Tag, wo es ebenso glänzend unter ihrer Führung ging u[nd] seine Ehre rettete."[8]

„Die ganze Reiterei mit dem Sturz vom Pferd"[9] war im Dorf nicht unbemerkt geblieben. Im Gegenteil: der Vorfall sorgte für Gesprächsstoff. Spekulationen und Vermutungen schossen ins Kraut. Was der eine nur ahnte, war dem zweiten schon etwas mehr und dem dritten Gewißheit. Hatte Carl, der Diener im Schloß, nicht immer schon Andeutungen gemacht? Was hatte die Gouvernante nicht alles durchblicken lassen, wenn dieser Herr von Ardenne in Zerben auftauchte! Und dann der Unglücksrabe selbst: in „wilde[n] Ritte[n]... [hatte er] das Zerbener Schloß umkreist... u[nd] [man] sprach uns bereits verlobt",[10] – ein Gerücht, das Maria von Plotho dementierte. Sie schrieb an den Fähnrich und bat ihn, er möge sich ihrer Tochter fernhalten.[11] Wahrscheinlich schickte Elses Mutter den Brief schweren Herzens ab, mußte sie doch ihre Pläne aufgeben, zumindest aber zurückstellen. Wichtiger als die eigenen familien„politischen" Überlegungen oder Versorgungsabsichten durchzusetzen war denn doch, Elses Gefühle zu respektieren. Letzte Zweifel, wie das Fräulein von Plotho über den stürmischen Fähnrich dachte, räumt ein Brief aus, den Ardennes Freund, der Leutnant Benno von Wedell, an Armands Mutter schrieb: „... am Abend des ersten Feiertages als wir uns auf unser Zimmer zurückgezogen hatten, kam er [Ardenne] mit sehr ernstem Gesicht auf mich zu, und bat um einen kleinen Freundschaftsdienst. Im Gespräch mit der Braut unseres Cameraden Witzleben, einer älteren Schwester von Else, die Armand's [v. Ardenne] Neigung kannte, hatte er [Ardenne] geäußert, daß es eigentlich immer ein Fehler der jungen Damen sei, wenn sie gezwungen wären, einen Korb auszuteilen; ein Mädchen müsse dem Bewerber in solchem Falle schon bei Zeiten durch ihr Benehmen zeigen, daß sie ihn nicht liebe. Mit Thränen in den Augen hatte Frl. von Plotho ihm darauf geantwortet daß leider viele Männer in ihrer Liebe zu blind seien, um feine Andeutungen zu verstehen, und *deutlich* die Abneigung zu zeigen verbiete oft der Anstand. Diese mit einem gewissen Nachdruck gesprochenen Worte hatten Armand [v. Ardenne] natürlicher Weise tief ergriffen und er stellte daher an mich die Bitte Frl. von Plotho zu fragen, ob sich die Worte wirklich auf ihn bezogen hätten... [Ich] erfüllte... seinen Wunsch... und erhielt, wie ich es vorausgesehen hatte, die zustimmende Antwort."[12]

Offensichtlich war Ardenne dazu unfähig, feine Andeutungen zu begreifen. Ob das nur damit zusammenhing, daß er wie viele Männer in ihrer Liebe blind für »Körbe« war, mag ein Grund sein. Ein gravierenderer dürfte hinzu gekommen sein: Zur Ausbildung eines Offiziersaspiranten gehört der auf Eroberung und Sieg ausgerichtete Drill. Alles damit Zusammenhängende prägt nicht nur den so trainierten Soldaten, es schlägt auch auf das Selbstbewußtsein des Mannes durch. In dessen Vorstellungen ist selbst im Privaten kein Platz mehr für Niederlagen. Finden sie dennoch statt, werden sie nicht zur Kenntnis genommen. Durch unsensible Überreaktion sollen sie aus der Welt geschaffen werden. Die Folgen bekam Ardenne zu spüren. Die Partnerin ließ ihm durch die Schwester nicht weniger als ihre Abneigung ausrichten. Jetzt endlich kam der Abgewiesene zur Vernunft. Er mußte die Absage akzeptieren, wie er auch Maria von Plothos Bitte, sich der Tochter fern zu halten, ernst zu nehmen hatte. Daran scheint er sich gehalten zu haben. In Elses Aufzeichnungen jedenfalls kommt er nicht mehr vor, bis sich die übergeordneten Umstände grundlegend änderten.

5

„*Es braust ein Ruf wie Donnerhall...*"

Die Biographie „hat die historische Welt zum Hintergrunde, mit welchem das Individuum verwickelt ist..."

Reichlich hochgegriffen mag erscheinen, dieses Hegel-Zitat[1] hier einzufügen, doch es trifft den Punkt in der Lebensgeschichte der Else von Plotho, der nun erreicht ist. Denn ohne jene übergeordneten Umstände, die politische und kriegerische (und noch keine historischen) waren, wäre die Ehe Armand von Ardenne/Else von Plotho wohl kaum geschlossen worden.

Er blieb zunächst dort, wohin ihn Mutter und Tochter in widersprüchlicher Eintracht verbannt hatten: in der Versenkung, während Else – mit ihren Schwestern und Freundinnen wahrscheinlich – die Ballsaison 1869/70 in vollen Zügen genoß. In Stendal und Brandenburg, in Magdeburg und Halberstadt wirbelten die jungen Damen übers Parkett; machten dem Jerichower Kreis ihre Aufwartung, wenn er nach Aschersleben einlud; selbst nach Rathenow wagte sich Else vor, in die Garnisonsstadt der Zieten-Husaren. Wenn da nach Mazurka, Menuett und Walzer zum Cotillon gerufen wurde, gab es nicht nur große Sträuße als Überraschung. Auch Ardenne, der Unvermeidliche, löste sich aus den Kulissen. Leicht sich vorzustellen, daß beide eisern blieben: sie in ihrer Abneigung, er bei dem Versuch, in immer neuen Anläufen die Festung zu erstürmen. Else schweigt darüber. Kein Wort dazu in ihren Aufzeichnungen. Dafür ein anderer Satz: „Auf den letzten Bällen hörte man die jungen Herren vom »frischen fröhlichen Krieg« reden, der in der Luft lag."[2] Damit fällt ein Schatten auf die harmlosen, oberflächlichen Tanzvergnügungen der adeligen Damenwelt. Am Horizont dämmert die Fortsetzung der Politik mit anderen Mitteln herauf.

Im fernen Spanien war im September 1868 Königin Isabella II. abgesetzt worden. Man suchte nach einem Thronfolger, fand in Leopold von Hohenzollern-Sigmaringen einen geeigneten Kandidaten, aber Leopold winkte ab, und Bismarck spielte die spanische Thronfolge als Familienangelegenheit der Hohenzollern herunter. Gleichzeitig gab er dem spanischen Unterhändler Marschall Prim zu verstehen, Leopolds Absage sei nicht dessen letztes Wort. Und Bismarck war es auch, der Gesandte nach Spanien schickte mit dem geheimen Auftrag, so über die Verhältnisse auf der iberischen Halbinsel zu berichten, daß Leopold den Eindruck gewinnen mußte, als spanischer König sei er willkommen. Die Spanier erneuerten am 19. Juni 1870 ihr Angebot, Leopold nahm an, König Wilhelm I. gab als Oberhaupt des Hauses Hohenzollern seinen Segen. Als Leopolds Kandidatur bekannt wurde und am 2. Juli verlautete, die spanischen Cortes träten bald zusammen, um ihren neuen König zu wählen, platzte die „Madrider Bombe", – in Paris am lautesten. Außenminister Gramont drohte, Frankreich werde einen fremden Prinzen auf dem Thron Karls V. nicht dulden, vielleicht aus Furcht davor, nun auch noch an der Westgrenze einen Hohenzollern zum Nachbarn zu haben und im Krisenfall Truppen abzweigen zu müssen, die im Osten dann dringend gebraucht würden.

Bismarck kurierte zu dieser Zeit auf seinem Gut Varzin eine Gelbsucht aus, Wilhelm hielt sich zur Kur in Bad Ems auf. So wurde der französische Botschafter Graf Benedetti nach Ems beordert. Ab dem 9. Juli traf er viermal mit dem preußischen König zusammen. Wilhelm verhehlte nicht, die Kandidatur Leopolds gebilligt zu haben und setzte hinzu, zwar werde er seine Meinung nicht ändern, doch habe er auch nichts dagegen, wenn Leopold verzichte. Der hielt sich unerreichbar in der Schweiz auf, Karl Anton aber, sein Vater, war erreichbar und wurde von Wilhelm überredet, Leopolds Verzicht bekanntzugeben. Das geschah am 12. Juli. „...wir Frauen", notiert die Baronin Spitzemberg einen Tag später in ihr Tagebuch, „freuten uns vor allem über das abgewendete entsetzliche Unheil..."[3] Zu früh, wie sich herausstellte, denn am gleichen 13. Juli, als die Frauen aufatmeten, indes ein „alte[r] Haudegen und Leutnant... [in Berlin] vor Wut fast weinte und Regierung und König zu allen Teufeln wünschte, weil sie Frankreichs Drohungen nachgegeben hätten...",[4] wurde Benedetti erneut beim König in Ems vorstellig und verlangte von ihm, er solle nicht nur Leopolds Verzicht billigen, sondern auch für alle Zukunft dessen Kandidatur ausschließen. Mit dem ersten Punkt war der König einverstanden, den zweiten lehnte er ab, – höflich und zuvorkommend wie bei allen Unterredungen mit Benedetti, dem in Aussicht gestellt wurde, noch einmal vorgelassen zu werden, sobald Leopolds endgültige Zustimmung vorläge. Nachdem sie eingetroffen war, wurde Benedetti darüber nur informiert, mit der Anmerkung: der König habe nun nichts mehr mitzuteilen, ein abermaliges Treffen erübrige sich.

Diese Vorgänge wurden in einem Telegramm – den Tatsachen entsprechend – zusammengefaßt und nach Berlin durchgegeben, wo Bismarck inzwischen eingetroffen war. Das Telegramm enthielt den Zusatz, dem Kanzler bleibe überlassen, den Gesandten und der Presse von dem Inhalt Mitteilung zu machen, – ein gefundenes Fressen für Bismarck. Umgetrieben von der Sorge, Preußen habe sich auf französischen Druck aus der spanischen Thronfolgeraffäre zurückgezogen und welche Folgen das sowohl für die internationale Öffentlichkeit als auch für die mühsamen deutschen Einheitsbestrebungen vor allem in Süddeutschland haben werde, »redigierte« der Kanzler das Telegramm aus Bad Ems, kürzte und veränderte den Text und verschärfte ihn damit zur »Emser Depesche«. Vor allem hob Bismarck auf die französische Forderung ab, der preußische König sei gezwungen worden, für alle Zukunft zuzusichern, daß eine Hohenzollern-Kandidatur in Spanien nicht mehr in Frage käme. „Seine Maj. der König hat es darauf abgelehnt, den Französischen Botschafter nochmals zu empfangen und demselben durch den Adjutanten vom Dienst sagen lassen, daß S. Majestät dem Botschafter nichts weiter mitzuteilen habe."

„Nach den Maßstäben des neunzehnten Jahrhunderts" blieb Frankreich nichts anderes übrig als „diese Brüskierung einzustecken... oder den Krieg zu erklären."[5] So geschah es. Bei denen, die eben noch aufatmend das entsetzliche Unheil abgewendet sahen und „ganz starr vor Schrecken, Wut und Erstaunen"[6] die Mobilmachung erwarteten, schlug die Stimmung um: „...lieber mit Ehren untergehen, als von des Erbfeindes Gnaden leben",[7] notiert Hildegard von Spitzemberg am 16. Juli. Acht Tage später jedoch wird ihr der Ernst der Lage bewußt: „Wie manche von den vielen jungen, blühenden Männern, denen ich heute [bei einem Hoffest] die Hand drückte, werden nächsten Winter nicht mehr da sein!"[8] Bei Spichern fielen 4.500 preußische Soldaten; bei Vionville 15.780, bei Gravelotte 20.163 Mann. Die Verluste auf französischer Seite waren annähernd gleich hoch.[9] Das Blutbad, das die „letzten großen Reiterschlachten... und [die] letzten Bajonettangriffe" (Stürmer) anrichteten, wurde im Bewußtsein von Leuten wie der Baronin Spitzemberg dadurch aufgewogen, daß man den »Erbfeind« abwertete: „Dieses... in Lüge und Liederlichkeit, in Übermut und Selbstüberschätzung, in Unwissenheit und Irreligiosität, in Eitelkeit und Hochmut aufgenährte [französische] Volk innerhalb vierzehn Tagen in sechs Schlachten geschlagen, die »unbesiegbare« Armee vernichtet, von seiner Höhe herabgestürzt in den tiefsten Abgrund des Unglücks, der Verzweiflung – das ist ein Anblick so überwältigend ernst..."[10] Hildegard von Spitzemberg, mit Johanna und Otto von Bismarck befreundet und bei ihnen oft zu Gast, mit dem *Noch*könig und baldigen Kaiser Wilhelm I. persönlich bekannt, Tischdame und Gesprächspartnerin so mancher Berliner Zelebrität aus Gesellschaft, Politik und Armee, – diese wache, über öffentliche Fragen und Probleme gut unterrichtete Frau überliefert zutreffend die allgemeine preußisch-vaterländische Stimmung jener Zeit. Das zehn Jahre jüngere, damals erst siebzehnjährige Fräulein von Plotho lebte in Zerben weitab vom

Zentrum der Macht und politischer Informationen. Was Else über die Ereignisse und Machenschaften hinter und auf der diplomatischen Bühne wissen konnte, stammte aus zweiter Hand. Wahrscheinlich plapperte sie mit ihren Schwestern und Freundinnen nach, was Mutter, Bruder und Onkel zu wissen glaubten und aus königstreuen Blättern herausgelesen hatten, nicht mehr, als alle anderen erfuhren und erfahren sollten. Aber so viel doch, daß etwas in der Luft lag. Das bildete den Gesprächsstoff auf den Offiziersbällen in der Mark. Wenn die Fähnriche heranstürmten, sich verneigten und um den nächsten Tanz baten, trieben sie nicht nur Konversation. Nein, sie warfen sich in die Brust, auf der sie das Eiserne Kreuz erwarteten. Die jungen Herren renommierten mit strategischen und taktischen Kenntnissen (oder was sie dafür hielten); brannten darauf, dem Franzmann eins über zu braten. Diese Zeit war ihre Zeit; die Zeit, das Leben fürs Vaterland zu riskieren. Der eine oder andere Draufgänger auf dem Parkett mag sich an den Lateinunterricht und den Horaz-Vers erinnert haben: „Dulce et decorum est pro patria mori."[11] Den dazu benötigten Krieg stellen sie sich »frisch und fröhlich« vor.

Vierundsechzig Jahre später sitzt Else von Ardenne in Berlin-Zehlendorf am Schreibtisch. Vor ihr liegt Papier. Ein Teil davon ist beschrieben. Drei Jahre zuvor, 1931, hat sie in Monastero ihre Lebenserinnerungen schon einmal festgehalten. Nun schreibt sie sie neu, „Für Ekkehard", den Enkel, wie auf dem Titelblatt zu lesen ist. Die bereits niedergeschriebene Fassung ist umfangreicher gewesen. Nicht alle Blätter von 1931 sind erhalten, aber die noch vorhandenen lassen ein weiter gespanntes Erzählen erkennen. Jetzt, im Januar 1934, ist Else von Ardenne fast achtzig Jahre alt; sie braucht eine Gedächtnisstütze; liest, was sie schon einmal zu Papier gebracht hat, greift zur Feder, taucht sie ins Tintenfaß. Sie schreibt sich nicht ab. Den Satz von 1931 – „Auf den letzten Bällen hörte man oft die jungen Herren vom »frischen fröhlichen Krieg« reden, zu dem es am 19. Juli 70 kam" –,[12] wiederholt sie so nicht. 1934 schreibt sie: „...die jungen Leute [sprachen] viel vom »frischen, fröhlichen Krieg«, der in der Luft lag. Und er kam rascher, wie die Leichtsinnigsten ihn erwartet."[13]

In beiden Fassungen steht das Zitat vom »frischen, fröhlichen Krieg«. Dieses verbale Imponiergehabe der unbedacht daherschwadronierenden Tanzpartner von ehedem fängt Else von Ardenne 1934 mit dem Hinweis auf „die Leichtsinnigsten" ab.

Elses um drei Jahre ältere Schwester Getrude, verlobt mit Eric von Witzleben, bestand darauf, sofort getraut zu werden. Über die Beweggründe teilt Else nichts mit, doch dürfte klar sein: der Kriegsausbruch war die Initialzündung. In einer Zeit, in der die Soldaten einem ungewissen Schicksal entgegengingen, wollte die Verlobte ihrem Bräutigam die Gewißheit vermitteln, er existiere nicht mehr allein, sie gehöre zu ihm, was auch kommen möge. Witzleben war im Juli im weit entfernten Ostpreußen mit einem Remonten-Commando unterwegs und somit vorübergehend abgeschnitten von allen Informationen über die aktuellen Vorgänge. Bis ihn der Rückruf erreichte, verging einige Zeit: „in Eilmärschen [kam er zu seinem Regiment], erhielt in letzter Stunde den Heiratskonsens u[nd] die stille, desto eindrucksvollere [Not-]Trauung fand in Stechow statt."[14]

In diesem nahe bei Rathenow gelegenen Dorf hatte „sich auf schnellen Pferden unsere [Else von Plothos] eigentliche kleine Familienschaar Abschied nehmend bei meinem Onkel Bredow zusammen[gefunden]. Es war ein würdiger, dem alten Märkerhaus angepaßter Abschied. Die Hausfrau las einen Spruch aus der Hausbibel, gab jedem die Hand [und einen] letzten segnenden Gruß; aber auch der letzte Steigbügeltrunk fehlte nicht."[15]

Die nach Veröffentlichung der Emser Depesche entstandene allgemeine Empörung über das Verhalten des Grafen Benedetti und die durch die „freche Kriegsklärung"[16] Frankreichs um sich greifende Stimmung beschworen eine Begeisterung für den Waffengang herauf, der sich niemand entziehen konnte. Ardenne beschreibt in seiner Geschichte der Zieten-Husaren den Nationalstolz, der sich „in einem wahrhaft donnernden

Hurrah Bahn [brach]. Ein dreifaches Hoch auf den geliebten Landesherren folgte. Die Husaren waren von selbst in diesen Jubel ausgebrochen – gleich von vornherein machte die Ueberzeugung sich geltend, daß der bevorstehende Krieg von der Nation mit ganzer Kraft, mit aller Begeisterung geführt werden würde."[17]

Im Familienkreis in Stechow ein ähnlicher Auftritt: „Von den Lippen der in den Krieg ziehenden Zieten-Husaren hörten wir zum ersten Mal das Lied vom Rhein. Wahrlich, es »brauste ein Ruf wie Donnerhall« durch ihre wie unsere Herzen. Plötzlich wie durch die Luft getragen erklang das Lied durch alle Lande, alle Seelen mit begeisterndem Mut erfüllend."[18]

Max Schneckenburger

Die Wacht am Rhein

Es braust ein Ruf wie Donnerhall,
wie Schwertgeklirr und Wogenprall:
Zum Rhein, zum Rhein, zum deutschen Rhein,
wer will des Stromes Hüter sein?
Lieb Vaterland, magst ruhig sein,
fest steht und treu die Wacht am Rhein.

Durch Hunderttausend zuckt es schnell,
und aller Augen blicken hell:
Der deutsche Jüngling, fromm und stark,
beschirmt die heil'ge Landesmark,
Lieb Vaterland...

Auf blickt er, wo der Himmel blaut,
wo Vater Hermann niederschaut,
und schwört mit stolzer Kampfeslust:
»Du, Rhein, bleibst deutsch, wie meine Brust!«
Lieb Vaterland...

Und ob ein Herz im Tode bricht,
wirst du doch drum ein Welscher nicht,
reich wie an Wasser deine Flut,
ist Deutschland ja an Heldenblut.
Lieb Vaterland...

Solang ein Tröpfchen Blut noch glüht,
noch eine Faust den Degen zieht,
und noch ein Arm die Büchse spannt,
betritt kein Welscher deinen Strand.
Lieb Vaterland...

Der Schwur erschallt, die Woge rinnt,
die Fahnen flattern in dem Wind.
Am Rhein, am Rhein, am deutschen Rhein,
wir alle wollen Hüter sein!
Lieb Vaterland...[19]

Beflügelt vom brausenden Ruf wie Donnerhall und ins Religiöse gesteigert durch fromme Sprüche, überließ sich Else den Emotionen der Stunde: „Ich fand Gelegenheit, Ardenne einen selbst geschriebenen Bibelspruch in die Hand zu geben. Ein, zu unserer Zeit schon – verwegenes Wagnis, in der Heimlichkeit."[20]

6

Verlobung unter Palmen

Mit keinem zusätzlichen Wort, geschweige denn mit einem Satz, gewährt Else Einblick in das Wagnis ihrer Heimlichkeit. Die Kriegsausbruchssituation und die durch sie erzeugte Euphorie bedürfen keiner Erläuterung, mag die alte Frau gedacht haben. Sie läßt auch ihren Enkel und mit ihm alle anderen Leser über die von ihr ausgewählte Bibelstelle im unklaren; ja, es fehlen sogar die üblichen Kürzel und Ziffern. Wären zumindest sie vorhanden, ließe sich leicht das Zitat ermitteln. Aus ihm ergäben sich – wenn auch nur vage – Anhaltspunkte dafür, warum Else dem Fähnrich signalisierte, daß ihre vor kurzem erst bekundete Abneigung nicht mehr galt.

Noch heute wird Ardenne in der Familie von Plotho als ein Mann eingeschätzt, der bei seinen Kameraden zwar beliebt, aber „kein homme à femme und distanziert zu Frauen war. Das hat Else empfunden. Diese Schwelle zu überwinden, hat dann Elses Mutter geholfen."[1]

Dieser Hinweis dürfte Elses radikaler Wende im Verhältnis zu Ardenne näher kommen, näher jedenfalls als die bloße Verwicklung mit dem Hintergrunde der historisch-politischen Welt. Die Mutter wird ihre Tochter beiseite genommen, auf sie eingeredet, ihr den Ernst der Lage klar gemacht haben, in die ein Soldat unweigerlich gerät, wenn er zur Front muß. Die allgemeine Stimmung kam Maria von Plotho entgegen. Nun ging es nur noch darum, wie die Tochter vorgehen sollte. Die fromme Tante Bredow hatte es vorgemacht. Des Rätsels Lösung: ein Spruch aus dem Buch der Bücher. Mit dem stand man unangreifbar da. Falls die Tochter so schnell keinen passenden wußte, sie selber – Maria von Plotho – wird bibelfest genug gewesen sein, einen Vers auszusuchen. Else las ihn, schrieb ihn auf ein Blatt Papier, faltete es zusammen und wartete. Die Gelegenheit zur Übergabe mußte kommen. Und sie kam, irgendwann und irgendwo in dem alten Märkerhaus der Bredows – in der Heimlichkeit. Noch vierundsechzig Jahre danach fühlte sich Else ganz verwegen, – und das aus triftigem Grund.

Sie war aktiv geworden, nicht Armand. Anders als beim Ritt über die Zerbener Elbwiesen, als ihr Ardenne sein Pferd anbot und der Reiterin Komplimente machte, die sie noch nicht verstand, übernahm sie jetzt die Führungsrolle. Mit nichts als einem beschriebenen Blatt Papier manövrierte sie ihn in eine Situation, aus der heraus *er* reagieren mußte. Aber wie?

Vielleicht hatte er die Intrige der beiden Frauen bemerkt und begriffen, welchen Part zu übernehmen er jetzt gezwungen war. Wiederum kein klärendes Wort in den Aufzeichnungen Elses. Einerseits hätte sie zugeben müssen, nicht selbst entschieden zu haben: die Tochter als Marionette an den Fäden der Mutter, – keine erstrebenswerte Rolle. Andererseits wäre Ardenne an den Rand des Komischen gedrängt worden, in eine Position, welche die alte Else von Ardenne dem jungen Leutnant von ehedem auch dann noch ersparen wollte, als sie längst von ihm geschieden war. Besser also nicht mehr mitzuteilen, als daß er, bevor er mit seinem Regiment in den Krieg zog, darum bat, „meiner Mutter schreiben zu dürfen.“[2] Wieso nicht der, die ihm den Bibelspruch zugesteckt hatte? Wollte Ardenne sich der Mutter gegenüber dankbar erweisen, weil er ahnte – oder wußte –, wem er das Blatt Papier verdankte? Oder genügte er nur der Konvention? Mochte er keine Angriffsflächen bieten? Das Gerede in der Familie, die Fragen hin und her, die Vermutungen, Zweideutigkeiten, den Klatsch von vornherein unterbinden? Wie auch immer, – als Ardennes Briefe dann in Zerben eintrafen, öffnete Maria von Plotho sie und las der Tochter daraus vor. Else merkte bald, daß die Mutter „Stellen in den Briefen übersprang. Ich faßte mir ein Herz u[nd] erbat sie mir. Mit den Worten »es ist wohl richtiger, Du lernst ihn daraus kennen«, bekam ich sie, die, gut geschrieben u[nd] voll Poesie u[nd]schönster Erinnerungen, mir natürlich gefielen, für die sie ja geschrieben waren."[3]

Diese Feldpostbriefe sind nicht erhalten wie so viele andere Unterlagen, die Ardennes Beziehung zu Else dokumentieren könnten. Eine Beziehung, die er aus der Ferne zu festigen wußte mit Poesie und schönen Erinnerungen. Der Krieg mit seinen Schrecken und Gefahren sollte im Hintergrund bleiben. Davon erfuhr man zu Hause ohnehin genug. „Bald schon verkündeten uns die Magdeburger Kanonendonner die erwarteten Siege. Mars-la-Tour mit der berühmten Cavallerie-Attaque erfuhren wir sofort durch Depesche des roten Prinzen Fried. Karl, Chef der Zieten-Husaren. Neben der Freudenbotschaft [wurden aber auch] die Namen der Gefallenen, Verwundeten [durchgegeben]. Gott Lob Keiner unserer Lieben u[nd] Freunde; war doch auch mein Bruder neben meinem Schwager Witz[leben] mit dem Rgt. heraus gezogen... [Doch] nach 6 Wochen brachte man ihn [Witzleben] schwer krank seiner jungen Frau.... [Und] Im October [wurde Ardenne von] eine[r] Franctireur Kugel in [die] Wade [getroffen]."[4] Beide Verwundungen erwähnt Ardenne in seiner Regimentsgeschichte,[5] seine eigene am ausführlichsten: „Am 17. Oktober wurde der Lieutenant v. Ardenne auf einer Patrouille in der Nähe von St. Leger blessirt. Die Kugel kam von dem Wipfel eines Baumes, wo ein Franctireur wahrscheinlich als Vedette sich verborgen hielt. Mit Mühe entging der verwundete Offizier dem verfolgenden Feind."[6]

Die Verletzung kurierte Ardenne im Leipziger Elternhaus aus und wurde danach zur Ersatzschwadron nach Rathenow versetzt.[7] Die Klärung seines Verhältnisses zu Else von Plotho stand allerdings noch aus.

Was immer er seinen Briefen anvertraut haben mag und wie immer die heimliche Braut (oder deren Mutter) darauf reagierten, die Zeit, die Ardenne an der Front zubrachte, scheint seine Neigung zu Else vertieft zu haben. Daß er zweimal bedrohlichen Situationen entkam und mit dem Eisernen Kreuz II.

Klasse[8] aus dem Krieg heimkehrte, wird ihn selbstsicher gemacht haben. Er hatte sich bewährt, war anerkannt worden. Das stärkte nicht zuletzt seine private Position. Hatte Else sich beim Abschied in Stechow als die erwiesen, die ihm den Weg zu ihr ebnen half, so mußte er jetzt endlich die Initiative ergreifen. Er tat es im Elternhaus in Leipzig und „setzte... bei seinem Vater die Erlaubnis unserer Verlobung durch",[9] schreibt Else.

Und schon tauchen neue Fragen auf. Die Frage vor allem, warum Armand sich gegen seinen Vater durchsetzen mußte. Möglicherweise plagten den belgischen Generalkonsul gegenüber einer Familie aus brandenburgischem Uradel Minderwertigkeitskomplexe. Oder er mißtraute seiner zukünftigen Schwiegertochter. Warum aber das? Sie hatte doch bei Kriegsausbruch mit dem Bibelspruch das entscheidende Signal gegeben. Das freilich konnte Bedenken wecken, besonders bei einem Mann, der „aus Erfahrung"[10] lebte. Und Erfahrung zeigt: ein unter Ausnahmebedingungen gegebenes Versprechen fürs Leben muß nicht unbedingt zu einer tragfähigen, von Anfechtungen freien und über alle Zweifel erhabenen Lebensgemeinschaft führen. Ehen werden zwar im Himmel geschlossen, müssen aber auf Erden geführt werden. Da macht es wenig Unterschied, ob der »Himmel« Liebe oder Vaterland heißt. Wenn die Schlachten geschlagen sind, der Feind unterworfen ist, kehrt der Alltag auf dem Kasernenhof zurück. Und was soll eine junge Frau in einer Garnisonsstadt wie Rathenow tun? Eine Frau, über deren Gefühle Armands Freund Wedell die Eltern Ardenne ins Bild gesetzt hatte.

Louis Prosper d'Ardenne kramt in Schubladen herum. Sucht und findet schließlich den Brief. Wedell hatte ausdrücklich Elses deutliche Abneigung gegen Armand hervorgehoben. Und weiter: daß er „natürlicher Weise tief ergriffen [war]".[11] Und mit einem Mal, als sei nichts gewesen, will der Verschmähte nicht mehr und nicht weniger als sich mit diesem Fräulein verloben.

Vater und Sohn in Leipzig. Sie laufen im Zimmer auf und ab. Umkreisen einander. Treten aufeinander zu, entfernen sich voneinander. Sie diskutieren, argumentieren, reden. Reden aufeinander ein, aneinander vorbei. Hier der belgische Generalkonsul, da der preußische Leutnant, verwundet und mit dem EK II an der Brust. Ein junger Mann, der weiter will. Weiter nach oben. Und drüben in Zerben die Frau, die das Weiter- und Höherkommenwollen ermöglicht, eine Edle und Freiin von. Seit einem halben Jahrtausend gehört ihre Familie zu denen ganz oben: – die Frau als Mittel zum Zweck, um die erstrebte Karriere zu verwirklichen.[12]

„Wieder ist es mein liebes Stechow, das ich nennen muß, weil ich mich am 7. 2. [1871] dort, im blauen Zimmer unter Palmen und den herrlichsten Gewächsen mit Armand von Ardenne verlobte."[13] Daß die Verlobung nicht in Zerben bei den Plothos, sondern bei den Bredows stattfand, dürfte kein Zufall gewesen sein. Stechow galt den Brautleuten mehr als ein märkisches Dorf. Es war der Ort ihres Abschieds und von Elses »Wagnis«. Dessen Heimlichkeit konnte nirgendwo besser öffentlich gemacht werden als da, wo alles begonnen hatte. Stechow also ein Symbol, doch nicht nur für Elses Verwegenheit. Eng verknüpft damit blieb der zeithistorische Hintergrund vom Juli 1870. Als der Krieg zu Ende war, „erlebten wir den herrlichen Einzug [der siegreichen Truppen] in Berlin..."[14]

10 Die Brautleute Armand und Else (1873).

7
Eine Ehe auf Abruf

„. . . wenn auch immer noch als Brautpaar",[1] – damit endet die zuletzt zitierte Textstelle aus Elses autobiographischer Niederschrift.

Ein leiser Seufzer schwingt in dem »wenn auch« mit, das Bedauern darüber, daß die Hochzeit noch in weiter Ferne lag. Else, ganz gehorsame Tochter, hatte sich mit dem Wunsch ihrer Mutter abgefunden und ihn zu dem eigenen gemacht. Und Armand hatte seinem Vater gegenüber Durchsetzungsvermögen bewiesen. Nichts wäre natürlicher gewesen, als daß die Hochzeit bald gefolgt wäre, doch Louis Prosper d'Ardenne erwies sich erneut als Hemmschuh. Er hielt seinen Sohn und dessen Braut „für zu unfertig wohl für den ernsten Schritt".[2] Diese Auffassung ist nicht von der Hand zu weisen: Else war damals siebzehn, Armand zweiundzwanzig Jahre alt. Sie kannte die Plotho-Güter Zerben, Pennigsdorf und Güsen, hatte in Brandenburg, Halberstadt und Rathenow getanzt und sich amüsiert, – ein an flüchtige Zerstreuungen gewohntes und mit ihrer Heimat eng verbundenes adeliges Fräulein. Wie das Leben jenseits der Provinzgrenzen aussah, welche Überraschungen dort auf sie warteten, davon dürfte Else wenig oder keine Ahnung gehabt haben. Armand, in Leipzig aufgewachsen und zur Schule gegangen und in Rathenow zum Offizier ausgebildet, hegte ehrgeizige Berufspläne. Außer seinem Aufenthalt in Frankreich, der unter den Ausnahmebedingungen des Krieges stattgefunden hatte, verfügte der junge Leutnant über keine weiter reichenden Erfahrungen. So verlangte der „gute Schwiegervater",[3] wie Else ihn nennt, drei Jahre Wartezeit.

In ihren Aufzeichnungen versieht Else von Ardenne auch andere ihr verbundene Personen mit solchen positiven Kennzeichnungen: die Mutter nennt sie die „gute Mutter",[4] den Zerbener Schultheißen „brav";[5] der Gutsinspektor ist „vortrefflich",[6] ein Diener ein „Prachtskerl";[7] der Pfarrer, obwohl er den Kindern „kein weiser Führer" war, ist der „gute Pfarrer"[8] usw. Besonders hier bekommt »gut« eine – möglicherweise beabsichtigte – ironische Bedeutung, denn das negative Urteil über den Pfarrer ist wohl begründet.

Ist die Kennzeichnung des Schwiegervaters ebenfalls ironisch zu verstehen? Besagt sie: er hatte ja keine Ahnung von uns, dachte in veralteten Vorstellungen, über die wir längst hinaus waren? Wird mit dem „gut" der Generalkonsul in Leipzig beiseite geschoben? Eine andere Lesart muß das Alter berücksichtigen, in dem Else von Ardenne stand, als sie ihre Aufzeichnungen niederschrieb. Wer seine Erinnerungen fixiert, sieht – noch dazu, wenn er hochbetagt ist, – seine Vergangenheit meist mehr im Sonnenschein als unter Gewitterwolken und will seine Nachkommen nicht unbedingt an der Problematik seines Lebens teilnehmen lassen. Else von Ardenne jedenfalls unterwarf sich einer strikt eingehaltenen Selbstzensur. Das heißt freilich nicht, sie habe die heiklen Punkte ihres Lebens verdrängt und nie mehr von ihnen gesprochen. Im Gegenteil. Die Zeit sich erkennen zu geben wird kommen, später einmal und auf unvorhergesehene Weise. Jetzt, in ihrem Manuskript, verliert sie kein Wort über ihre fast zweijährige Brautzeit. Nicht eine Silbe, die auch nur den Anschein des Verdachts wecken könnte, es habe irgendeine Komplikation bis zur Hochzeit gegeben, die „gleich... [am] ersten Tag des [von Armand bei seinem Vater] erhandelten Jahres",[9] am 1. Januar 1873, in Zerben stattfand.

In schroffem Gegensatz zu Else hat sich Armand von Ardenne über seine Verlobungszeit geäußert. Am 3. Dezember 1886 schrieb er an seine Mutter: „Meine Frau hat mich nie geliebt u[nd] vor wenigen Wochen hat sie mir das mit dürren Worten gesagt. (Jetzt freilich jammert sie nach mir.) Selbst in der ersten Zeit unserer Ehe habe ich das schmerzlich empfunden."[10] Und am 28. Dezember: „Sie [meine Frau] hat mir eingestanden, daß sie mich nie geliebt hat und selbst als Braut daran gedacht hat unsere Verlobung aufzulösen."[11]

Naturgemäß ist es unmöglich, Ardennes Behauptungen heute daraufhin verläßlich zu überprüfen, ob sie den Tatsachen entsprechen. Die Situation allerdings, in der er der Mutter *seinen* reinen Wein einschenkte, war wenig beneidenswert. Ein Monat war vergangen, seit dem er den „Liebhaber"[12] seiner Frau – den Düsseldorfer Amtsrichter Emil Hartwich – im Duell getötet hatte. Energisch betrieb Ardenne die Ehescheidung und wartete nach dem üblichen Militärgerichtsverfahren darauf, die gegen ihn verhängte Strafe (Festungshaft) antreten zu können. Diese für ihn prekäre Lage wurde noch dadurch verschärft, daß er, ein preußischer Offizier, als gehörnter Ehemann dastand. Damit befand er sich in einer Rolle, die nicht nur in Romanen und auf dem Theater zum Spott herausfordert. Zutiefst verletzt und in seiner Ehre getroffen, zog Ardenne alle Register, um seiner Frau die Alleinschuld zuzuschieben. Die dabei aufgestellte Behauptung, Else habe schon als Braut mit dem Gedanken gespielt das Verlöbnis zu lösen, scheint nicht völlig aus der Luft gegriffen zu sein. Die bereits herangezogenen Hinweise, Armand sei kein homme à femme und spröde gegen Frauen gewesen, Maria von Plotho habe die Ehe protegiert und durchgesetzt, dem habe Else nichts entgegenzusetzen gehabt – sogar ihre Abneigung nicht –, und er – Armand – habe das Fräulein von Plotho weniger aus Liebe geheiratet als vielmehr um seiner Karriere willen – diese Vermutungen lassen es begründet erscheinen, daß die Ehe von vornherein zum Scheitern verurteilt war. Erstaunlich nur, daß sie überhaupt zustande gekommen ist.

„...nach zweijährigem Brautstand [wurde] unsere Hochzeit... in meinem geliebten Zerben gefeiert. Wir fuhren den Abend noch [nach] Berlin in unsere, von meiner Mutter liebevoll eingerichtete Wohnung Lützower Ufer."[13] Eine Adresse, die Karl Voß in seinem 1980 erschienenen „Reiseführer für Literaturfreunde. Berlin" als die Wohnung des Urbildes der Effi von Innstetten, geb. von Briest erwähnt. [14]

*

Mit ihrem Mann, dem Landrat, zieht Effi nicht nach Berlin, sondern in den von Fontane fingierten Ort Kessin. Von der Hauptstadt aus muß man mit dem Zug bis zum Bahnhof Klein-Machow fahren, „von dem aus eine Chaussee nach dem noch zwei Meilen entfernten"[15] Ort führt. Die temperamentvolle Effi muß mit einem Mann auskommen, der „lieb und gut [war], aber ein Liebhaber war er nicht. Er hatte das Gefühl, Effi zu lieben, und das gute Gewissen, daß es so sei, ließ ihn von besonderen Anstrengungen absehen. Es war fast zur Regel geworden, daß er sich, wenn Friedrich die Lampe brachte, aus seiner Frau Zimmer in sein eigenes zurückzog. »Ich habe da noch eine verzwickte Geschichte zu erledigen.« Und damit ging er. Die Portiere blieb freilich zurückgeschlagen, so daß Effi das Blättern in dem Aktenstück oder das Kritzeln seiner Feder hören konnte, aber das war auch alles.... Um neun erschien dann Innstetten wieder zum Tee, meist die Zeitung in der Hand, sprach vom Fürsten [Bismarck], der wieder viel Ärger habe, ...und ging dann die Ernennungen und Ordensverleihungen durch, von denen er die meisten beanstandete. Zuletzt sprach er von den Wahlen, und daß es ein Glück sei, einem Kreise vorzustehen, in dem es noch Respekt gäbe. War er damit durch, so bat er Effi, daß sie etwas spiele, aus Lohengrin oder aus der Walküre, denn er war ein Wagner-Schwärmer. Was ihn zu diesem hinübergeführt hatte, war ungewiß; einige sagten, seine Nerven, denn so nüchtern er erschien, eigentlich war er nervös; andere schoben es auf Wagners Stellung zur Judenfrage. Wahrscheinlich hatten beide recht. Um zehn war Innstetten dann abgespannt und erging sich in ein paar wohlgemeinten, aber etwas müden Zärtlichkeiten, die sich Effi gefallen ließ, ohne sie recht zu erwidern."[16]

Der Alltag der jungen Ehefrau in dem entlegenen Kessin verläuft ruhig. Ging ihr Mann im Landratsamt seinen Pflichten nach, war sie allein und „saß, etwas zurückgelehnt, in einem lauschigen Winkel am Fenster und stützte sich, während sie hinaussah, mit ihrem linken Arm auf ein kleines Seitenbrett, das aus dem Zylinderbureau herausgezogen war. Die Straße war die Hauptverkehrsstraße nach dem Strande hin, weshalb denn auch in Sommerzeit ein reges Leben hier herrschte, jetzt aber, um Mitte November, war alles leer und still, und nur ein paar arme Kinder... klappten mit ihren Holzpantinen an dem Innstettenschen Hause vorüber. Effi empfand aber nichts von dieser Einsamkeit..."[17] Das änderte sich bald. Als Geert von Innstetten einer Einladung Bismarcks nach Varzin folgt und vor Mitternacht keinesfalls zurück sein kann, weiß Effi nicht, wie den Abend verbringen: „Inwischen war es Abend geworden, und die Lampe brannte schon. Effi stellte sich ans Fenster ihres Zimmers und sah auf das Wäldchen hinaus, auf dessen Zweigen der glitzernde Schnee lag. Sie war von dem Bilde ganz in Anspruch genommen und kümmerte sich nicht um das, was hinter ihr in dem Zimmer vorging. Als sie sich wieder umsah, bemerkte sie, daß Friedrich still und geräuschlos ein Kuvert gelegt und ein Kabarett auf den Sofatisch gestellt hatte. »Ja so, Abendbrot... Da werd ich mich nun wohl setzen müssen.« Aber es wollte nicht schmecken, und so stand sie wieder auf und las den an die Mama geschriebenen Brief noch einmal durch. Hatte sie schon vorher ein Gefühl der Einsamkeit gehabt, so jetzt doppelt. Was hätte sie darum gegeben, wenn die beiden Jahnkeschen Rotköpfe jetzt eingetreten wären..."[18]

*

Auch Else von Ardenne blieb sich selbst überlassen, zumal ihr Mann nicht nur von den Studien an der Kriegsakademie in Anspruch genommen wurde. Prinz Friedrich Karl hatte Ardenne schon 1872[19] den Befehl erteilt, die (bereits ausführlich erwähnte) „Geschichte des Zieten'schen Husaren-Regiments" zu schreiben, ein Auftrag, der intensive Vorarbeiten erforderte. In Berlin waren sie um so leichter zu bewältigen, als hier die Akten des Generalstabs lagerten; andere Unterlagen lie-

11 *Berlin: Das Zeughaus und die neue Wache*
unter den Linden.

ßen sich in der Hauptstadt schneller beschaffen als von einer
Garnison in der Provinz aus. Dem Befehl des Prinzen ist Ardenne offensichtlich gern gefolgt: das zeigt seine Bereitschaft,
ein so umfangreiches Unternehmen (673 Textseiten) parallel
zu den Examensvorbereitungen abzuschließen.

Im Magazin nach Armeebefehlen, Meldungen und Karten
suchen; die Bibliothek nach einschlägigen Werken durchstö-
bern; die Aktenbündel und Folianten in den Lesesaal tragen
lassen. Sich in Texte vertiefen. Darüber nachdenken, welche
zitiert werden müssen, welche verzichtbar sind. Exzerpte an-
fertigen, Kapitel in Stichworten skizzieren. Alles soll lebendig
sein, so nah und so originalgetreu wie nur möglich. Listen, Zah-
len, Statistiken müssen sein, dürfen aber nicht überhand nehmen. Ardenne will nicht für Wissenschaftler schreiben. Der
einfache Mann ist sein Publikum, besonders die unteren
Dienstränge bis zum letzten Husar. Und alles soll in die Zukunft wirken, in eine Zeit hinein, in der keiner mehr lebt, der
dabei gewesen. Er muß die fragen, die mitgekämpft, mitgesiegt

haben. Er notiert Namen, besorgt sich Adressen, schreibt Briefe und wartet, bis Antworten eintreffen, – ein Mann in der Klausur, mit sich und seinen kriegerischen Themen allein. Auf die Zerstreuungen der Großstadt verzichtet er gern.

Diese Lebensweise entsprach nicht dem Naturell und den Erwartungen seiner jungen Frau. Einsamkeitsgefühle erwähnt sie zwar in ihren Erinnerungen nicht, merkt aber an: „Wir lebten sehr still."[20] Seit Kindertagen war Else an den täglichen Umgang mit anderen Leuten gewöhnt, mit Verwandten, den dienstbaren Geistern auf den elterlichen Gütern und mit Freunden, die nach Zerben zu Besuch kamen. In Berlin fiel das fort. Leicht sich vorzustellen, daß Else darauf hoffte, neue Bekanntschaften zu machen und Freundschaften zu schließen. Aber die tonangebenden Kreise der Hauptstadt nahmen von der jungen Frau noch keine Notiz. Solange Ardenne die Kriegsakademie besuchte und sein Buch nicht erschienen war, bestand kein Anlaß, sich um ihn zu kümmern, zumal er erst im Oktober 1873 die Genehmigung erhielt, den preußischen Barontitel führen zu dürfen. Bis das von der Gesellschaft zur Kenntnis genommen wurde, verging Zeit. Dann erst würde auch seine Frau ins Blickfeld geraten. Doch darauf mochte Else nicht warten. So beschränkt ihre Möglichkeiten – zumal als Frau – waren, sie eroberte sich Berlin auf ihre Weise. Allein ging sie zur Haltestelle der Pferdebahn und stieg in den nächsten Wagen der kam, um „sehr gemütlich... in's Innere der Stadt... [zu kommen]. Das heißt Potsdamer/Leipzigerstr. bis Spittelmarkt, Friedrichstr.,... die geliebten Unter den Linden, der Tiergarten, wo in der Siegesallee Mittags die vornehme Welt flanirte."[21] Besonders war Else davon angetan, „nur mit Herren"[22] zu fahren. Diese »Herren« hat sie wohl nicht grundlos erwähnt: ab und zu werden sie einen Blick riskiert haben auf die junge Dame, die da allein in die Stadt fährt, aussteigt und an den Flaneuren vorbeiflaniert; eine Frau, die sich ihre Zeit damit vertreibt, die zu beobachten, zu denen sie aufblickt und zu denen sie sich hingezogen fühlt. Meilenweit ist sie noch von der bestaunten »Welt« entfernt, – eine Gestalt an der Peripherie.

12 *Else von Ardenne liebte die elegante Welt und eroberte sich Berlin auf ihre Weise. Steinzeichnung von Max Liebermann.*

Daß ihre Wohnung nahe dem Zoologischen Garten lag und Else die Löwen brüllen hörte, war ihr besonders interessant.[23] Doch sie litt darunter, daß an ihrer Wohnung „der noch nicht kanalisirte Kanal vorbei[ging], von dem der Berliner sehr richtig sagte »et wird Frühling er stinkt schon«. Das war mein mit Ungeduld erwarteter Frühling?", fragt sie, hat Heimweh und denkt an Zerben zurück: „das ungewohnte Stadtleben [fiel mir] schwer."[24] Und das um so mehr, als ihr stilles Leben eine physische Ursache hatte: „mir [war] . . . jämmerlich zumute, lag doch schon mein erstes Kind, unser[e] Margot, schon am 5. November desselben Jahres 73 in seinem Wägelchen. . . . Und dabei hatte der ungeduldige Mensch [darüber: Vater] tags zuvor, wie wir im Zoo einen häßlichen verbrauchten Kinderwagen gesehen, ich ihn an unseren, das Glück erwarten[den] Wagen erinnerte,... wahr geantwortet, »da liegt aber och schon was drinne«."[25]

Elses Reserve der Großstadt gegenüber wird um so deutlicher, als sie die nächste Station ihres Lebens, nachdem Armand zur „praktische[n] Dienstzeit" nach Rathenow kommandiert worden war, die „geliebte... Garnison"[26] nennt. Noch als alte Frau schwärmt Else von dieser herrlichen Zeit: bei offenen Türen habe man gewohnt, die Gebrüder Winterfeld in der unteren, sie mit Mann und Kind in der oberen Etage. Hatten die Ardennes in Berlin keinen Kontakt zu Fremden bekommen, in Rathenow war alles anders: „Unserem Haus gegenüber war die Loge, wo mein Mann täglich seine besten Freunde, Dr. Ruchbaum u[nd] den Oberstabsarzt Nöthe traf."[27] Dr. Nöthe hatte mit Ardenne am Feldzug in Frankreich teilgenommen und gehörte zu den Truppenärzten, deren Tätigkeit auf dem Schlachtfeld „In hohem Grade anzurechnen war...[, weil sie] im heftigsten Feuer die Verwundeten verbanden."[28] Alte Kameraden unter sich: mit denen konnte man reden, wie einem der Schnabel gewachsen war. Von Offizier zu Offizier. Da gab es die Erinnerungen an Kriegserlebnisse, an die gemeinsam erfochtenen Siege. Ja, Ardenne hatte das richtig zu Papier gebracht: „Es war eine große, erhebende Zeit und mochte wohl an 1813 erinnern."[29]

Naturgemäß war Else von den Herrenrunden ausgeschlossen. Doch hier in Rathenow fand sie mehr als einen Ausgleich: „Ich war wie Kind im Hause bei unserem Kommandeur Egmont v. Rauch."[30] Und dann: „Die Nähe Stechows... mein Glück."[31] So oft sich die Gelegenheit ergab, machten die Ardennes „Besuche in den havelländischen Gutshäusern"[32] und verlebten die Urlaube im Haus des Generalkonsuls in Leipzig oder bei Elses Bruder in Zerben. Die Ausflugs- und Urlaubsziele der Familie blieben auf Deutschland und die nähere Umgebung beschränkt. Effi Briest dagegen stieg mit ihrem Mann im Hotel Vierjahreszeiten in München ab und fuhr nach Innsbruck, Verona, Vicenza, Padua, Sorrent und Capri.

Im Herbst 1875 (die Regimentsgeschichte war im Jahr zuvor

erschienen) wurde Ardenne nach Berlin zum Generalstab kommandiert. Wiederum hebt Else hervor, sie habe mit Mann und Kind „eine stille Wohnung"[33] gefunden, Blumes Hof 8, wo nur ab und zu eine Droschke vorbeifuhr, das große Ereignis für die zweijährige Margot. Doch ganz so verlassen wie während der ersten Berliner Zeit lebte Else nicht. Sie hatte für die Tochter zu sorgen, schloß Freundschaft mit der Familie Bier, bei der Margot „verwöhnter Liebling"[34] war, und am 4. Januar 1877 kam der Sohn zur Welt, der nach dem Rathenower Regimentskommandeur den Vornamen Egmont erhielt. Weitaus wichtiger aber: die Ardennes fanden Zugang zu den Abendgesellschaften in der Dorotheenstraße 15. Die aus Weimar stammende Emma Lessing, verheiratet mit Carl Robert Lessing, dem Miteigentümer der *Vossischen Zeitung*, pflegte in ihrem von Martin Gropius erbauten Haus Geselligkeiten, an denen die Goethe-Enkel Walther und Wolfgang teilgenommen hatten. Jetzt waren zu Gast: Emilie und Theodor Fontane, das Ehepaar Spielhagen,[35] Max Liebermann[36] und Else und Armand von Ardenne. Sie erwähnt in ihren Niederschriften weder Liebermann noch die beiden Schriftsteller. Spielhagen dagegen, der später mit Else korrespondierte, „gedachte [noch gern] jenes liebenswürdigen jungen Paares... , das er in jenen Räumen [der Lessings] kennen lernte..."[37] Und Fontane erinnerte seine Frau gelegentlich an den „Lieutnant... v. Ardenne, (Deine[n] Tischnachbar[n] bei Lessings)".[38]

Else in einer ihr fremden Umgebung: da wird nicht von Pferden, Ernten und Überschwemmungen gesprochen. Malerei, Literatur und Theater geben die Themen ab. Es wird diskutiert. Lob und Tadel schwirren durch die Luft. Man ereifert sich über Dramen und Schauspieler, sehr zum Verdruß des Barons von Ardenne. Er kann mit dem Theater wenig anfangen. Anders Else. Zum ersten Mal ist sie Teil einer Gesellschaft, in der nicht Soldaten das Wort führen. Spielhagen hat die Geschichte der Zieten-Husaren gelesen; später bewundert er die „Beherrschung des ungeheuren Materials" und lobt die Darstellung. Nur „manchmal, wo es sich um rein historische Auffassung

13 *Theodor Fontane, der Verfasser des Romans*
„Effi Briest".

oder politische Ansichten handelt, [steht er] auf einem anderen
Standpunkt... [als Ardenne, findet aber] den Genuß in nichts
beeinträchtigt..."[39] Fontane wird kritischer sein. Zur Vorbe-
reitung seines Zieten-Husaren-Aufsatzes[40] las er „das 670 Seiten dicke Buch des Lieutnants v. Ardenne... und [hat] mit

67

einem immer dicker werdenden Kopf Notizen und Auszüge machen müssen... und zum Schluß... eine Correktur und Glattfeilung des Ganzen" angefertigt, um seinem Ideal näher zu kommen, dem des „Klaren und Durchsichtigen."[41]

Was immer an diesen Abenden bei den Lessings besprochen wird und welche Eindrücke Else von den Gästen bekommt, niemand ahnt, daß hier ein »Stoff«, zwei »Stoffverwerter« und ein Illustrator beisammen sitzen – eine Sternstunde der deutschen Literatur bereitet sich vor. Aber nur, was Fontanes »Effi Briest« angeht. Von Spielhagens Roman »Zum Zeitvertreib« wird nicht lange die Rede sein.

*

Zur Erinnerung: Wie in Kapitel 2 zitiert, versteckte sich Else hinter dem Zaun, wenn die Zieten-Husaren einritten. Dem jungen Mädchen, noch ganz mit ihren wilden Spielen beschäftigt, die sie und ihr Fünfergespann in Atem hielten, fand es lächerlich, wenn der Schäfer dann sagte, sie solle ins Schloß gehen, „...»sonst kriegst Kenen von denen mehr aff«."[42] Anders ausgedrückt: Else solle sich nicht zieren und so kindisch benehmen; es sei doch klar, daß sich unter den Husaren der Zukünftige befinde. Wer das sei, verschwieg der Schäfer. Wenig später wurde dieses Geheimnis, falls es denn je eins war, durch den Diener Carl gelüftet, indem er die „Order" überbrachte: »Elseken mach rasch daß Du rein kommst, Du sollst den Fähnrich v. Ardenne Klavier spielen hören, sagt die Frau Mama.«[43] Möglicherweise hat Else, nachdem sie zu dem Kreis in der Dorotheenstraße Vertrauen gefaßt hatte, selbst erzählt, wie und wann sie ihren Mann kennen gelernt hatte. Vielleicht wurde Emma Lessing später auch von anderen Gästen informiert, die gut über die Ardennes Bescheid wußten. Fontane jedenfalls schreibt, als er sich nach der Duellaffäre bei Frau Lessing danach erkundigte, sie habe ihm „eine Ehebruchsgeschichte wie hundert andere mehr [erzählt, die]... weiter keinen großen Eindruck auf mich gemacht, wenn nicht die Szene beziehungsweise Worte: »Effi komm« darin vorgekommen

14 *Im Park. Steinzeichnung von Max Liebermann.*

wären."[44] Nach diesem deutlichen Hinweis liegt die Vermutung nahe, daß die im Roman benutzte verkürzte Version auf die in Elses Autobiographie überlieferte „Elseken, mach daß Du rasch reinkommst" zurückgeht, zumal Fontane in anderem stofflichen Zusammenhang sein methodisches Vorgehen folgendermaßen erläutert hat: „... der eigentliche Keim zu einer Novelle kann in vier Zeilen stecken. Sogenannte »interessante Geschichten«, wenn es Einzelvorkommnisse sind, sind gar nicht zu brauchen; es kommt immer auf zweierlei an: auf die Charaktere und auf ein nachweisbares oder poetisch zu muthmaßendes Verhältniß von Schuld und Strafe. Hat man **das**, so findet der, der sein Metier versteht, alles andere von selbst. Die Nebendinge lassen sich erfinden, aber die Hauptsache muß gegeben sein; diese Hauptsache ist aber in der Regel ganz kurz, während die Nebendinge in die Breite gehen..."[45] Im Hinblick auf »Effi Briest« erwähnt Fontane den Ausruf „Effi komm!" als eine Hauptsache und stellt ausdrücklich fest, sie habe „solchen Eindruck auf... [ihn gemacht], daß aus [ihr und der dazu gehörigen]... Szene die ganze lange Geschichte entstanden ist."[46]

„Effi... hörte... schon des Vaters Stimme von dem angrenzenden, noch im Fronthause gelegenen Hinterzimmer her, und gleich danach überschritt Ritterschaftsrat von Briest, ein wohl konservierter Fünfziger von ausgesprochener Bonhomie, die Gartensalonschwelle, – mit ihm Baron Innstetten, schlank, brünett und von militärischer Haltung.

Effi, als sie seiner ansichtig wurde, kam in ein nervöses Zittern; aber nicht auf lange, denn im selben Augenblicke fast, wo sich Innstetten unter freundlicher Verneigung ihr näherte, wurden an dem mittleren der weit offen stehenden und von wildem Wein halb überwachsenen Fenster die rotblonden Köpfe der Zwillinge sichtbar, und Hertha, die Ausgelassenste, rief in den Saal hinein: »Effi, komm«."[47]

Der in Else von Ardennes Niederschrift überlieferte Befehl: „Elseken, mach rasch daß Du reinkommst..." ist weitaus mehr als eine von vielen wörtlichen Reden, die der alten Frau im Gedächtnis geblieben sind. Äußerlich betrachtet, besagt er, die Tochter soll ins Schloß gehen zu einer musikalischen Geselligkeit, bei der sich der Fähnrich am Klavier produzieren wird, – wahrscheinlich kein reiner Kunstgenuß: darauf verweist die spöttische Bemerkung: „Das sollte nun meine Liebe u[nd] Eifer zum Klavier wecken!"[48] Dieser Kommentar läßt aber auch durchblicken, daß das junge Mädchen wohl ahnte, was mit dem Konzert beabsichtigt war, diese Ahnung jedoch partout nicht wahrhaben wollte. „Elseken, mach rasch daß Du reinkommst..." hat neben der äußerlich-räumlichen Bedeutung daß Else ins Musikzimmer befohlen wurde, auch eine symbolische: die von Carl überbrachte Order weist den Weg in die Ehe, zumindest in die sie vorbereitende Phase. Daß Else sich darüber ärgerte und wütend wurde, zeigt ihr unbedingtes Freiheitsstreben. Sie lehnt sich, soweit sie das vermochte, gegen die durch die Mutter verordnete Inbesitznahme durch einen Mann auf. Eine Haltung, die Ardenne noch zu spüren bekam und der er, aufs ganze gesehen, nichts entgegenzusetzen hatte.

Fontane wiederholt Herthas Ruf »Effi komm« mehrmals und macht ihn so zu einem Leitmotiv, das – schon unmittelbar nach der Verlobung Effis – doppeldeutig zu verstehen ist: „... Instetten... sah..., wie gebannt, immer aufs neue nach dem drüben am Fenster rankenden wilden Wein hinüber,... und... [es] war ihm, als säh er wieder die rotblonden Mädchenköpfe zwischen den Weinranken und höre dabei den übermütigen Zuruf:»Effi, komm«.

Er glaubte nicht an Zeichen und Ähnliches, im Gegenteil, wies alles Abergläubische weit zurück. Aber er konnte trotzdem von den zwei Worten nicht los,... [es] war ihm beständig, als wäre der kleine Hergang doch mehr als ein bloßer Zufall gewesen.“[49]

Nach ihrer Heirat, als Effi in Kessin wohnt und Innstetten nach Varzin zu Bismarck reist, stellt sich ihr die Frage, wie den Abend allein verbringen. Alle Beschäftigungen, zu denen sie sich aufrafft, mißfallen ihr. Nur den Brief an die Mutter schreibt sie zu Ende. Damit ist die Verbindung zu Hohen-Cremmen hergestellt und zugleich die Erinnerung an die Freundinnen, die ihr »Effi komm« zugerufen haben. Fontane spart diesen Zuruf hier aus und setzt an dessen Stelle das damit verbundene optische Signal: „Was hätte sie [Effi] darum gegeben, wenn die beiden... Rotköpfe jetzt eingetreten wären...“[50]

Gegen Schluß des Romans kehrt das Leitmotiv wieder. Nach der Duellkatastrophe und der Ehescheidung wird Effi zuerst von ihren Eltern verstoßen, weil sie „entschieden nicht geneigt“ sind, ihr „Haus von aller Welt ab[zu]schließen.“[51] Nachdem die alten Briests aber erfahren haben, daß die Tochter „schnell hinsiech[t]", nur noch mit ihrer Dienerin Roswitha Umgang hat und Dr. Rummschüttel feststellt: „Dienertreue ist schön, aber Elternliebe ist besser",[52] gibt der Vater den Ausschlag: „... glaube mir, Luise, die »Gesellschaft«, wenn sie nur will, kann auch ein Auge zudrücken. Und ich stehe so zu der Sache: kommen die Rathenower, so ist es gut, und kommen sie nicht, so ist es auch gut. Ich werde ganz einfach telegraphieren: »Effi komm«."[53]

Ehe der Vater das Telegramm an die Tochter aufgab, mußte Major von Crampas in Effis Leben treten. Auf Else von Ardenne bezogen: der Düsseldorfer Amtsrichter Emil Hartwich mußte den Weg der Baronin von Ardenne kreuzen.

8
Krieg – der Vater aller Männer

Der zweite Berlin-Aufenthalt endete 1877. „Im Herbst wie wir grad auf Urlaub bei m[einem] Bruder in Zerben u[nd] bei meiner Schwester Gersdorff in Jerichow waren, kam seine [Armands] neue Versetzung zu den 11. oder Pabsthusaren nach Düßeldorf..."[1]

Ardenne kam in eine Stadt, die er aus der Zeit flüchtig kannte, als er Ende Juli 1870 mit seinem Truppenteil auf dem Weg zur Front gewesen war. Damals bewunderte er „die ganze Schönheit des mächtigen [Rhein]Stromes... [und den] ganze[n] Reiz seiner herrlichen Ufer..."[2] Dieses Lob formulierte Ardenne freilich nicht um der landschaftlichen Schönheit willen. Der Satz stammt aus der Regimentsgeschichte, in der ästhetische Urteile deplaziert gewesen wären. Es ging dem Autor vielmehr darum festzuhalten, daß „die Begeisterung..., die in den Herzen der deutschen Soldaten sich entflammt hatte",[3] auf die – bei der Durchfahrt der Truppen sozusagen spalierstehende – westdeutsche Bevölkerung übersprang: „Ueberall jauchzte und jubelte das Volk ihnen [den Soldaten] zu und begrüßte sie als ihre Erretter. In den größeren Städten hatten sich Komite's gebildet, welche die durchpassirenden Truppen auf das Freigebigste erquickten. Besonders zeichnete sich Düsseldorf durch die Herzlichkeit des Empfanges sowohl, als durch die Fülle seiner Liebesgaben aus."[4] Da das in einer Stadt am Rhein geschehen war, der allgemein als Bastion gegen den Erbfeind angesehen und besungen wurde, nahm sich eine Eloge auf die Reize des sogenannten deutschen Schicksalsstroms gut aus.

Die erneute Ortsveränderung belastete Else, und das nicht nur, weil sie die Strapazen des Umzugs zu tragen hatte und die Kinder ihre Spielgefährten verlassen und sich an neue gewöhnen mußten. Wer, wie Else von Ardenne, an der Elbe geboren und aufgewachsen war und ein besonderes intensives Verhältnis zu den Menschen und der Natur Brandenburgs entwickelt hatte, wer sich in Rathenow so wohl fühlte, sich mit der Großstadt Berlin eben anzufreunden begann und wem Stechow zum Symbol geworden war, dem bereitete die Übersiedlung in eine neue, völlig fremde Umgebung Schwierigkeiten. Unter den damaligen Verkehrsbedingungen waren die Verwandten und Freunde an Havel und Elbe nicht mehr schnell erreichbar. Hinzu kam, die Menschen am Rhein hatten andere Lebensgewohnheiten, galten als ein leichtlebiger Menschenschlag, – und dann der Dilalekt... Da mochten die Düsseldorfer Paradebeispiele für patriotische Gesinnung abgegeben haben: „Mir wurde der Abschied vom alten roten Rgt. u[nd] meiner märkischen Heimaterde schwer", schreibt Else, räumt aber im nachhinein ein: „Immerhin mußten wir dankbar sein, zum alten Vater Rhein in die schöne lustige Künstlerstadt Düsseldorf zu kommen. Die Gartenstadt, wie sie sich nannte."[5] Mehr hat Else über die erste Zeit in der neuen Umgebung nicht notiert. Statt dessen seufzt sie: „Länger als ein Jahr war unseres Bleibens nicht, da wurde mein Mann als Brigadeadjutant des vortrefflichen General[s] Wright nach Metz beordert. Mit ihm u[nd] seiner reizenden Familie verlebten wir 1½ sehr interessante Jahre."[6]

Aus Metz ist der einzige Brief Armands an seine Frau erhalten. Er schrieb ihn, bevor sie ihm mit den Kindern folgte.

„Meine Herzenselse!

Meine Gedanken suchen Dich bereits in Zerben und hoffe ich, daß Du wohl und munter dort angekommen bist; *solltest Du es aber vorgezogen haben, in Düsseldorf zu bleiben und doch das Malkastenfest mitzumachen*, so sei überzeugt, daß ich mich sehr freuen werde, wenn Du Dich gut amüsirst. Von Wiesbaden erzähle ich Dir ein ander Mal; nur so viel sei gesagt,

Metz 3 Febr. 80.

Meine Herzenselse!

[handschriftlicher Brieftext in deutscher Kurrentschrift, größtenteils nicht zweifelsfrei lesbar]

15 „Metz 3 Febr. 80": Der einzig erhaltene Brief
Armand von Ardennes an Else, 1. Seite.

daß ich *H.* verhältnißmäßig wohl und entschlossen in die Zukunft blickend gefunden habe. Von Metz kann ich Dir zunächst das Gute erzählen, daß meine Vorgesetzten u[nd] Kameraden mich äußerst wohlwollend aufgenommen haben. Wright ist ein interessanter Mensch u[nd] will ich wünschen, daß er uns noch längere Zeit erhalten bleibt. Der alte Litwerin sprach wohl anderthalbe Stunde mit mir. Sonst hat mir aber *Metz als Stadt entschieden wenig gefallen. Die Straßen sind eng, schmutzig, die Häuser... [?] wahre Hütten u[nd] die Wohnungsnoth eine erschreckende.* Bedenk' daß hier allein 100 Stabsoffiziere wohnen u[nd] alle innerhalb der Wälle wohnen *müssen,* um den Allarm, der hier häufig geübt wird, rechtzeitig zu hören und sofort auf dem Platz zu sein. Ich für meine Person habe für diesen Fall eine 4 Seiten lange...[?] Instruction, was ich alles zu thun habe. So oft hier eine Wohnung frei wird, stürzt Alles...[?] auf dieselbe, um sie zu erhaschen. Ein Braunschweiger Kamerad erzählte mir, daß er ¼ Jahr später habe heirathen müssen, weil er durchaus keine Wohnung habe bekommen können. Natürlich sind die *Preise dem entsprechend in die Höhe gegangen. Dabei sind die Tapeten gerissen, die Treppen dunkel u[nd] schmutzig etc. Die* Printzsche Wohnung macht darin eine glänzende Ausnahme, aber der Preis ist mir zu hoch. Ich bin gestern 4 Stunden gelaufen u[nd] habe nach Vermiethungszetteln gespäht; *sei überzeugt, daß ich mit unverdrossener Eile weiter suchen werde,* denn die Wohnungsfrage ist momentan das Wichtigste, was uns beschäftigen kann. Um die Leipziger aufzukären, theile ich Dir mit, daß ich nur eine Adjutanturzulage von 18 Mark, *nicht von 30* erhalte. Das *gesellschaftliche Leben* bewegt sich hier in sehr eingefahrenen Formen u[nd] *Luxus ist unbekannt.* Auch soll hier eine große Anzahl vortrefflicher liebenswürdiger Frauen existieren, mit denen Du sicher bald gut Freund werden wirst. Frau von Kröcker[?] soll eine der allerbesten sein u[nd] ihr Mann (Divisionsadjutant) hat mich ganz außerordentlich herzlich begrüßt. Ueberhaupt scheinen die Deutschen in diesem großen Feldlager fest u[nd] treu zusammenzuhalten. *Die Franzosen sind äußerlich höflich aber hinten herum sieht man ihnen an, daß sie uns hassen.* Die Läden aber sind voll u[nd] gut. Alles in Allem ist der erste Eindruck von Metz kein enorm günstiger, allein die Unannehmlichkeiten müssen erst überwunden werden u[nd] dann wird das Ganze wohl ein ander Aussehen erhalten.

Es schreibt Dir möglichst herzlich Dein treuer Armand"[7]

Dieser Brief ist ein in mehrfacher Hinsicht aufschlußreiches Dokument. Anrede und Schlußformel zeigen – wenigstens der äußeren Form nach – einen seiner Frau zugetanen Ehemann. Er bekräftigt das, indem er die Wohnungsknappheit beklagt und versichert, mit unverdrossener Eile weiter suchen zu wollen, trotz aller Unannehmlichkeiten, die er ganz aus der Perspektive des Siegers von 1871 beurteilt. Das dabei vermittelte Bild von Metz fällt äußerst negativ aus.

Ardennes kritisch-mißmutige Stimmung hat aber noch eine andere Ursache. Er kam aus den zivilen Verhältnissen der schönen lustigen Künstlerstadt in ein großes Feldlager. Die Annehmlichkeiten des Lebens am Rhein waren über Nacht einem rein soldatischen Dasein gewichen. Alarmübungen und die intensive Beschäftigung mit Instruktionen für den Ernstfall standen nun auf der Tagesordnung. Konzerte, gesellige Zusammenkünfte und Feste – die Düsseldorfer Amüsements – gehörten einstweilen der Vergangenheit an.

Nur zu verständlich, daß Ardenne deshalb mit einer gewissen Verstimmung an Else schreibt. Vor allem aber: er weiß nicht, wo sich seine Frau zur Zeit befindet. In Gedanken sucht er sie in Zerben, ahnt jedoch, daß sie sich noch am Rhein aufhält. Der Grund: sie könnte am Malkastenfest teilgenommen haben, einem in Düsseldorf hoch geschätzten gesellschaftlichen Ereignis, das er aus früheren Jahren kennt. Ardenne fragt seine Frau, ob sie das Fest der Reise nach Zerben vorgezogen habe, und verleiht seiner Überzeugung Ausdruck, er würde sich sehr freuen, wenn sie sich gut amüsiert habe. Diese Ausdrucksweise enthält einen unüberhörbaren Vorwurf. Ardenne spricht ihn zwar nicht offen aus, aber daß Else ein Vergnügen genießt, während er neben dem anstrengenden Dienst

16 Die Sommerfeste im Park des Düsseldorfer Malkastens
waren weitgerühmt. Gemälde von Gustav Marx.

auch noch die leidige Wohnungssuche – unter französischen Bedingungen – vorantreiben muß, kann kaum anders als herbe Kritik an ihrem Verhalten verstanden werden.

Was verbirgt sich dahinter? Gleich im nächsten Satz ist von „H" die Rede, einem Mann, mit dem Ardenne in Wiesbaden eine Aussprache gehabt hat. Über sie will er sich schriftlich bewußt nicht eingehend äußern. Nur so viel teilt er mit, daß es „H" verhältnismäßig gut gehe und er entschlossen in die Zukunft blicke. Was mit dieser Formulierung gemeint sein könnte, läßt sich damit entschlüsseln, daß das Kürzel „H" für den Amtsrichter Emil Hartwich steht. In einem sehr viel später, am 6.1.1886 an Else gerichteten Brief hebt Hartwich gerade den 6. Januar als den Tag hervor, an dem einige Jahre zuvor „jener denkwürdige Malkasten-Abend [stattfand], den das Schicksal ausersehen hatte, die Familie v. Ardenne mit Hero [Hartwichs Frau] und mir zusammenzuführen."[8] Als Ardenne aus Metz Else seine Mißbilligung darüber ausdrückte, daß sie möglicherweise das Malkastenfest besucht habe, dürfte ihn etwas bewegt haben, das vielleicht in Wiesbaden zur Sprache gekommen war. Denn die Feststellung, „H" sei verhältnismäßig wohl, setzt voraus, daß „H" sich vorher unwohl gefühlt hat. Unwohl weshalb? Weil, um mit Hartwich zu reden, das Schicksal zugeschlagen hatte? Und was soll heißen, „H" blicke jetzt entschlossen in die Zukunft? Wozu entschlossen? Nach Lage der Dinge – weil Else von Ardenne mit einem deutschen Offizier verheiratet und Mutter von zwei Kindern ist – kann das nur bedeuten, Hartwich scheint zum Verzicht bereit zu sein.

Daß Else von Ardenne in der für Ekkehard bestimmten Niederschrift von 1934 den ersten Düsseldorf-Aufenthalt so kurz abhandelt, spricht für die Annahme „H" = Hartwich, denn die Großmutter wollte dem Enkel keine näheren Einblicke in ihr Leben gestatten. An mangelndem Erinnerungsvermögen hat ihre Kürze jedenfalls nicht gelegen. Die Zeit in Metz beschreibt sie – hier zusammengestellt aus den beiden Fassungen von 1931 und 1934 – ausführlich:

„Wir verkehrten ganz freundschaftlich mit... [der] liebenswürdigen noch ganz englischen Familie [des Generals von Wright]. Besonders befreundete [ich] mich mit der Tochter Mary, die mich später [in] Benrath besuchte. In Metz wohnten wir sehr hübsch Rempert belle Isle 29, grad eben [der] neu gebauten deutschen Garnisonskirche vis a vis. Wir bewohnten allein das Haus u[nd] entsinne ich mich einer hübschen Tafel im Hof, zu Ehren unserer Vorgesetzten, die ich ganz mit weißen Lilien geschmückt; die eigentliche lothringische Blume. [9]

Die Kasernen- u[nd] Garnisonsluft beleuchtend, folgende kleine Szene: Wir machen Antrittsbesuch bei der Commandeuse der 9. Dragoner, wo sie mich übersieht. Wie von unserer Wohnung die Rede ist, sagt sie: »wir nahmen sie nicht, weil kein Stall am Hause ist«, worauf ich mich in's Gespräch mische: »ich meine, wenn der Ehemann liebenswürdig darauf verzichtet, kann es uns wegen dem Geruch nur lieb sein«, worauf sie sich reckt u[nd] spitz sagt: »ich meine für eine Kavalleristenfrau ist das Parfüm« – ich dagegen lachend antworte, »Verzeihen Sie, gnädige Frau, so weit bin ich mit meiner Nase noch nicht gekommen.« Die Herren des Rgts. behielten Recht, ich wurde keine ihrer [der Commandeuse] Adjutantinnen. [10]

... die wunderbaren Erdbeeren in Körben auf Leiterwagen versandt, imponirten mir mächtig, wie die gute französische Sprache auf der Straße. Metz war damals die größte Garnisonsstadt u[nd] nicht die besten Franzosen waren geblieben. [11] ... Wie wir bei einem Bauern Wein kaufen wollten, war die lakonische Antwort, sie hätten keinen; »bei den Weingärten?« »Oui, mais pas pour vous.« Die Sieger all der Schlachtfelder schäumten. Ein Bild der Lage der achtziger Jahre. Metz war eine große Cantine... [12]

Durch einen befreundeten Topographen, der die Schlachtfelder aufnehmen mußte, befuhren wir viel die schöne Gegend... u[nd] unsere Herren schlugen unentwegt ihre Schlachten. Mir machte St. Privat mit seinen vielen Kreuzen, die tiefe Schlucht von Gorze u[nd] Gravelotte einen schweren Eindruck.... [ich] wandte... mich lieber dem Reiz der unbekannten schönen Moselgegend hin u[nd] ließ die Männer ihre Schlachten schlagen in Vergangenheit u[nd] Zukunft."[13]

In der Beurteilung der Stadt Metz und ihrer Bewohner stimmen Else und Armand überein. Ob der kleine Zwischenfall bei der Begegnung mit der Kommandeuse die Zustimmung Ardennes gefunden hat, darf bezweifelt werden. Bei dieser Gelegenheit erweist sich Else als eine Frau, der an dem, was unter Garnisonsleben zu verstehen ist, wenig lag. „mich... amüsirte manches",[14] schreibt sie vielsagend. Erst recht zeigt sich Elses Ablehnung bei der Beurteilung der ihre Schlachten wiederholenden Männer. Dem Krieg verdanken sie ihre gesamte Existenz. Er hat ihr Handeln und Denken geformt, und so beschäftigten sie sich an der Mosel nicht nur damit, das Gelände zu vermessen und neue Generalstabskarten zu erarbeiten. In dem Moment, da die Offiziere ihre alten Schlachtfelder betreten, brechen aus den Kriegern von einst Sturzbäche von Veteranengeschichten los. Das Weißt-du-noch-Gerede macht die Köpfe heiß, die Augen glänzen, niemand achtet mehr auf die Gräberreihen. Wen der angebliche Vater aller Dinge einmal in seinen Klauen hält, den läßt er so schnell nicht los. Alte Geschichten werden weiter gesponnen, und neue werden aus ihnen entstehen. Die Fehler von damals muß man vermeiden, muß Bescheid wissen über das Gelände, dazu ist man hier. Jede Bodenwelle, jeden Baum, jeden Hügel verzeichnen. Die unscheinbarste Scheune nicht übersehen. Else von Ardenne ließ die Taktiker und Strategen ihre Sandkastenspiele spielen. Die Mosel da unten, das schöne Land waren ihr lieber: „ich [war] froh, wie es wieder n[ach] Düsseldorf zurück ging.[15] Wie wir aus Metz schieden, war unser ganzes Cupé mit Blumen geschmückt, in Trier warf ich die Mehrzahl der armen Vertrockneten in die Mosel."[16]

9

»Herrin« der Benrather Tafelrunde

Den Abschied von Metz faßt Else von Ardenne in einem Bild zusammen: die meisten der ihr zugedachten Blumen seien nur bis Trier frisch geblieben, wo sie sie in die Mosel warf, – eine Umschreibung dafür, wie froh Else war, daß die Garnisonsstadt nun endlich hinter ihr lag. Aber nicht nur wegen der Kasernenluft und der kriegsbegeisterten Herren, sondern weil das nächste Ziel Düsseldorf hieß: „...[wir] stiegen... in einem kleinen Hotel ab, weil mein Mann gleich als Rittmeister zur detachirten Schwadron nach dem wunderschönen Benrath abcommandirt wurde. Wir hatten Dienstwohnung u[nd] bewohnten den linken Seitenflügel vom Cavaliershaus"[1] des Rokokoschlosses.

Dieser Bau, „zwey guter stundt von Düsseldorf [gelegen]", wie der Landrentmeister J. P. Brosy 1771 schreibt, „ist jederzeit ein Lustschloß deren Herzogen und nachherigen Churfürsten zu Pfalz geweßen, [und] liegt... in eyner... angenehmen Gegendt negst am Rhein."[2] Im Auftrag des Kurfürsten Carl Theodor zu Pfalz wurde das an gleicher Stelle stehende alte Schloß abgerissen und von Nicolas de Pigage ein neues errichtet. Der letzte fürstliche Bewohner war der spanische Kronprätendent von 1870, Erbprinz Leopold von Hohenzollern-Sigmaringen, der bis 1873 das Schloß als Sommersitz benutzte. 1911 erwarb die Gemeinde Benrath Domäne und Schloß Benrath, das 1929, nach der Eingemeindung Benraths nach Düsseldorf, Museum wurde. Die gesamte Rokokoanlage ist eine der schönsten am Niederrhein. Zweimal wird sie ausführlich in der erzählenden Literatur des 20. Jahrhunderts erwähnt.

Der 1900 im wenige Kilometer entfernten Haan geborene und später in Düsseldorf lebende Lyriker, Essayist und Prosaautor Emil Barth hat in dem autobiographischen Roman »Der Wandelstern« (1939) eine Schloßbesichtigung und den Park beschrieben:

„Es war... die Silberfläche eines großen kreisrunden Weihers, in dessen Mitte auf winziger Insel wie ein Himmelspfeil eine Pappel stand, während im Halbrund am Ufer mit Flügelbogen ein blaßrosa Schloß heraufkam, dem Wasser zulaufend mit breiter Treppe des Hauptbaues und wieder zurückweichend im Wasserspiegel, wo über die stillen Stufen, die rosa Wände und weißen Türen ein Zittern ging.

Der Kies knirschte unter unseren Schuhen, als wir zögernd durchs Tor traten; wir hätten leiser gehen mögen, so dicht umfing uns eine Entrückung, für die wir noch keinen Namen wußten, so gläsern wölbte sich der Himmel über Schloß und Wipfel und Teich. Einigen Mut machte es uns, daß auf dem Vorplatz ein paar Leute herumstrichen; unwillkürlich suchten wir ihre Nähe. Sie trugen Bücher in Händen, in die sie zuweilen ihre Nasen steckten, um dann wie Vögel den Kopf schräg in den Nacken zu legen und irgendwo oben den figurengeschmückten Wappengiebel zu betrachten oder das schiefergraue Mansardgeschoß entlang zu sehen und die zierlichen ovalen Fenster, die Eichenblattgirlanden über den hohen Türen zu zählen. Ich... sah aber... [nur] das Natürlich-Zufällige: den abblätternden Verputz, ein Büschelchen Heu unter der Regenrinne hervorlugend, ein Schwalbennest in der Stuckgirlande klebend oder überm weißen Portal auf schmaler Leiste ein paar Grasähren.

Niemand bewohnte mehr den zierlichen Bau; seit Jahrzehnten... war es nur der greise Kaiser Wilhelm gewesen, der einmal bei großen Manövern darin Quartier genommen. Die Uhr, die ein fliegender Engel über dem Wappengiebel dahintrug, zeigte keine Zeit mehr an; in einer zeitlosen Welt spielten die pausbäckigen Putten mit den Löwen, die das Wappenschild hielten, oder boten den Schatz ihrer Fruchtkörbe einem glücklichen Himmel dar...."

Das zierliche Schloß mit seiner Unzahl von Zimmern mußte früher von elfischen Geschöpfen bewohnt gewesen sein: denn das Parkett, von Saal zu Saal anders gemustert und manchmal einen strengen Stern, manchmal eine wilde schöne Blume in der Mitte eingelegt zeigend, war so spiegelblank und glatt, daß unmöglich Wesen unseresgleichen es je betreten haben konnten. Damit wir es nicht entweihten, mußten wir mit Stiefeln in eine Art Filzkähne steigen... und schwammen unter manchem Rudern der Arme wie in Wasserschuhen über die spiegelnden Flächen, in denen geisterhaft das eigene Bild widerschien, auch die geschweiften Tische, Stühle, Taburetts sich blaß wiederholten, während die schlanken Spiegel zwischen goldenen Säulen und Seidentapeten unendliche Raumfluchten auftaten und uns unter den kristallenen Kronleuchtern mitsamt den Deckengemälden und Medaillons zehnfach ferne widerspiegelten und so im Inneren die Unwirklichkeit bestärkten, in der uns das Schloß draußen erschienen war. Im runden Marmorsaal drang hoch aus durchbrochener Kuppel Himmelslicht herein, und rosa Putten schwebten da droben, einen Baldachin wegraffend; noch meinte man die Musik zu empfinden, die... von dieser Höhe herab zur festlichen Tafel erklungen war. Wohin das Auge schaute, schlug ihm die gleiche schönheitstrunkene Woge eines Lebens entgegen, das nur wie für einen Augenblick von den Eigentümern verlassen und uns fremden Gästen preisgegeben war. Unter den Medaillons der Fürsten, den Emblemen der Jagd standen in den Nischen schön gepaarte Liebesgötter, ihre Füllhörner tragend, als hielten sie über unsichtbaren Thronen die Fackeln des Lebens oder als riefen sie zu Jagd und Liebesfeier draußen in den Park, wo verwitterte leichtgeschürzte Figuren zu seiten der Fenstertüren standen, ein steinernes Schilderhaus aus Büschen hersah, an Wassergräben und Rasenbeeten schnurgerade Wege dahinführten.

Es war ein richtiges Zauberschloß: in den seidenen Blumentapeten öffneten sich plötzlich geheime Türen, aus denen wie der Geist einer verstorbenen Zeit ein Schwall von modriger Kühle herausfiel; verborgene Treppen mündeten hinter Spiegeln; Kammern, Alkoven, Gänge taten sich in dem schmuckhaften Rahmenwerk der Wände auf. Selbst die Erwachsenen lockte es zu heiterem Versteckspiel, unvermutet war jemand zurückgeblieben und rief zum Erschrecken und Gelächter irgendwo hinter einer Tapete ein Wort mit verstellter Stimme.... Ein Bann der Traumhaftigkeit umfing mich; und als wir endlich unten hervorkamen, wo schimmelnde Flecken die Mauer hinanwuchsen und lederblättriges Gebüsch den Ausgang fast verwehrte, da traf mich das Sonnenlicht nicht um zu wecken, sondern um mich in staunender Betäubung durch die Pracht eines fremdartigen, wasser-labyrinthischen Blumengartens zu führen, der in die Baumschatten des Parks überging.

... Auf dem Wassergraben, den wir entlanggingen, zog lautlos ein schwarzes Schwanenpaar mit uns dahin, Geschöpfe der Sage;... seit achthundert Jahren schwammen sie hier schon, stumm, feierlich, entrückt der Zeit..., schwammen unerlöst in Trauer und Schweigen... dahin auf dem dunkelen Spiegel, in einem zeitlosen Bann..."[3]

Thomas Mann hat in seiner letzten Erzählung »Die Betrogene« (1953) die Beschreibung Barths teils wörtlich verwendet:

„Sie [Rosalie von Tümmler, Anna, Eduard und Ken Keaton] kamen zum Schloß, zu dem blanken, kreisrunden Weiher, in dem es sich spiegelte, mit einem Inselchen seitlich darin, auf dem eine einzelne Pappel stand. Auf dem Kiesplatz vor der Freitreppe des in Flügelbogen leicht geschwungenen Bauwerks, dessen beträchtliche Dimensionen in Zierlichkeit aufgelöst schienen und dessen rosa Fassade freilich bröckelte, standen einige Leute, die in Erwartung der Elf-Uhr-Führung sich die Zeit damit vertrieben, die Figuren des Wappengiebels, die zeitvergessene, von einem Engel getragene Uhr darüber, die steinernen Blumengewinde über den hohen weißen Türen mit den Angaben ihrer Handbücher zu vergleichen. Unsere Freunde gesellten sich zu ihnen und sahen wie sie an der reizend geschmückten Feudalarchitektur zu den ovalen Œils-deboef im schieferfarbenen Dachgeschoß empor. Mythologisch leichtgeschürzte Figuren, Pan und seine Nymphen, standen auf

17 Schloß Benrath, „zwey guter stundt von Düsseldorf, ist jederzeit ein Lustschloß deren Herzogen und nachherigen Churfürsten zu Pfalz geweßen, liegt... in eyner angenehmen Gegendt negst am Rhein", schrieb 1771 der Landrentmeister J. P. Brosy.

Sockeln zu seiten der tiefreichenden Fenster, verwitternd wie die vier Sandsteinlöwen, die, grämlich von Miene, die Pranken gekreuzt, Freitreppe und Auffahrt flankierten....

Das Vestibül atmete vermuffte Kälte. Große, kahnartige Filzpantoffeln standen dort aufgereiht, in die man unter viel Damengekicher zu steigen hatte, zur Schonung der kostbaren Parketts, die wirklich beinahe die Hauptsehenswürdigkeit der Lustgemächer waren, durch welche man dem hersagenden Einarm in unbeholfenem Schlurfen und Gleiten folgte. Verschieden gemustert von Raum zu Raum, bildeten ihre Intarsien in der Mitte Sternformen aller Art und Phantasien von Blumen. Ihre Blankheit nahm wie stilles Wasser die Schatten der

Menschen, der geschweiften Prunkmöbel in sich auf, während hohe Spiegel, zwischen goldenen, von Girlanden umschlungenen Säulen und in Goldleisten gefaßten Tapetenfeldern aus geblümter Seide, einander die Bilder der Kristall-Lüster, der zärtlichen Deckengemälde, der Medaillons und Embleme der Jagd und Musik über den Türen wiederholend zuwarfen und trotz so manchem Blindflecken noch immer die Illusion unabsehbarer Raumfluchten erwecken konnten. Rechenschaftsfreie Üppigkeit, unbedingter Wille zum Vergnügen sprachen aus dem Geriesel von Zierlichkeit und goldenem Schnörkelwerk, gehalten, gebunden allein durch den unverbrüchlichen Geschmacksstil der Zeit, die es hervorgebracht. Im runden Bankettsaal, den in Nischen Apoll und die Musen umstanden, wurde das eingelegte Holzwerk des Fußbodens zum Marmor, gleich dem, der die Wände bekleidete. Rosige Putten zogen dort eine gemalte Draperie von der durchbrochenen Kuppel zurück, durch die das Tageslicht fiel, und von deren Galerie... einst Musik zu den unten Tafelnden heraberklungen war."[4]

Hier folgen keine textanalytischen Erörterungen. Beide Zitate dienen lediglich dazu, Eindrücke von dem für Else von Ardenne wichtigsten Schauplatz ihres Lebens anschaulich zu vermitteln. Die Beschreibungen führen den „zeitvergessene[n]" (Th. Mann) Zustand vor Augen: die Uhr „zeigt keine Zeit mehr an" (Barth); der Verputz blättert ab. Hier lebten, so kommt es den späten Besuchern vor, keine Menschen, sondern elfische Geschöpfe; Wesen, die den Bau in ein „Zauberschloß" verwandeln und den Betrachter in den „Bann der Traumhaftigkeit" (Barth) ziehen. In Inneren des Schlosses mit seinen „unabsehbare[n] Raumfluchten" herrschen „rechenschaftsfreie Üppigkeit, unbedingter Wille zum Vergnügen..." (Th. Mann). Diese Aussagen, gänzlich anderen Handlungszusammenhängen entnommen, sind nicht auf Else von Ardenne gemünzt. Dennoch kennzeichnen sie die Atmosphäre recht gut, in der die Frau des Rittmeisters von Ardenne damals lebte.

Als sie ihre Erinnerungen aufschrieb und an den Punkt kam, an dem Benrath zu berücksichtigen war, ergab sich eine besondere Schwierigkeit. Wie sollte Else die Jahre am Rhein schildern? Mit ein paar allgemeinen, unverbindlichen Sätzen? Durfte es damit getan sein, von den Reizen des Schloßparks zu schwärmen? Sollte nicht zumindest angedeutet werden, was sich dort ereignet und mit wem sie Umgang gehabt hatte? Diese Fragen haben Else offensichtlich bewegt. Beide Fassungen ihrer autobiographischen Aufzeichnungen belegen das. Während in dem 1934 entstandenen, für den Enkel bestimmten Manuskript die Benrather Zeit auffallend kurz, nur mit einem Satz erledigt wird, wird sie in der drei Jahre zuvor entstandenen Niederschrift ausführlicher geschildert:

„Benrath ist ein entzückendes Rococoschlößchen, inmitten eines herrlichen, großen Park[s], der bis zum Rhein herunter führt. Schloß u[nd] Cavalierhäuser liegen an einem See, in dem [sic] wir die wunderbarsten roten Sonnenuntergänge erlebten. Um uns versammelte sich oft die Benrather Tafelrunde, bestehend aus Künstlern, Juristen u[nd] nur einem auserwählten... Rgt.kameraden vom Dienst, eine große Auszeichnung für ihn. Wer wohl nie fehlte, war der schon ältere Edmund Henoumont, der von Allen gleich geschätzte u[nd] geliebte wie bekannte Dichter des Düßeldorfer Malkasten. Er war wohl nie bei uns, ohne daß [er] nicht seine Hand »Brusttaschenwärts« zog u[nd] eins seiner originellen Gelegenheitsgedichte an's Licht brachte. Es gibt ein ganzes Bändchen dieser Tafelrundenlieder, die [wir] nach dem Lied »Frisch auf Gesellen, laßt rummer gahn« im frischesten Chor sangen."[5]

Den Düsseldorfer Lokalpoeten Henoumont zu erwähnen, kompromittierte Else in keiner Weise. Belustigt erinnerte sie sich des Verse schmiedenden Originals vom Rhein. Eine Gestalt, wie sie auch in anderen Städten zum festen Bestand des geselligen Lebens gehört, zum Beispiel Jean Jacques Hoffstede in Lübeck, der an der Familientafel des alten Johann Buddenbrook sein „»Ja, excusez! ich konnte nicht umhin...!« sprach" und dabei „leicht seine spitze Nase berührte und ein Papier aus der Rocktasche zog."[6] Nicht viel anders am Rhein. Und wenn dort Henoumont geendet hatte, wird es ähnlich wie an der

Trave zugegangen sein: Hoffstede „verbeugte sich, und ein ein-
mütiger, begeisterter Beifall brach los."[7] Ein Applaus, der in
Benrath und Düsseldorf nicht zuletzt der Geste galt, mit der
Henoumont seine Auftritte einleitete. Fehlte diese Geste, wie
beim Jahreswechsel 1885/86, war das ein Anlaß für Hartwich,
umgehend zu berichten: „Alles stößt mit den Gläsern an und
der gute Henoumont griff nicht in die linke Rocktasche, sondern wischte sich mit der Rechten seinen Dichtermund und bedachte den Blonden mit einem Abschiedskuß und mich mit
einem solchen väterlicher und bessernder Liebe..."[8]

Wesentlich zurückhaltender als über Henoumont schreibt
Else, als sie auf die anderen Mitglieder der »Benrather Tafelrunde« zu sprechen kommt. Diese Männer erwähnt sie nur bei-
läufig, spart deren Namen aus und verzichtet darauf, sie durch
irgendeine charakteristische Äußerlichkeit näher zu kennzeichnen. Mit einer Ausnahme: in den Berufsangaben findet
sich ein verdeckter Hinweis auf Hartwich; verdeckt insofern,
als im Plural von Juristen die Rede ist, während es der Autorin
in Wahrheit auf einen ankam. Daß ihr der Plural unbewußt
unterlaufen ist, scheint nach dem, was die »Benrather Tafelrunde« für Else von Ardenne bedeutete, unwahrscheinlich.
Wenigstens an einer Stelle wollte die »Herrin« eine Erinne-
rungsspur an den hinterlassen, dem begegnet zu sein ihr zum
Schicksal geworden ist.

10
Emil Hartwich

Emil Ferdinand Hartwich, geboren am 9. Mai 1843 in Danzig
als viertes Kind des Regierungs- und Baurats Emil Hermann
Hartwich und dessen Frau Franziska Agatha, geb. Bock. 1849
wechselt der Vater ins Handelsministerium nach Berlin. Der
Sohn Emil wird in Danzig eingeschult und besucht von 1853 bis
1856 ein Berliner Gymnasium. Erneuter Schulwechsel, nachdem der Vater aus dem Staatsdienst ausscheidet, um in Köln
die Erweiterungsarbeiten der Rheinischen Eisenbahn zu leiten. 1862 besteht Emil Hartwich das Abiturientenexamen am
Kölner Friedrich-Wilhelm-Gymnasium. Studium der Rechte
ab 1862 zunächst in Heidelberg; Mitglied des Korps Rhenania.
1864 Fortsetzung des Studiums in Berlin. Bereits während der
Gymnasialzeit hat er „das Glück, [s]ich einen Schüler der Hasenheide"[1] nennen zu dürfen: er turnt dort, wo schon „Vater
Jahn" mit seinen Anhängern sich der Leibesertüchtigung hingegeben hat. Auf der Hasenheide ereilt den Studenten Hartwich „ein Mißgeschick..., das ihn tief bewegte".[2] Bei einem
Verbindungsfest werden die Studenten von „Berliner Bummelanten überfallen" und machen „sich deshalb größtenteils" aus
dem Staub. Nicht so Hartwich: „[Er] hielt es... für seine
Pflicht, auszuhalten. Hierbei ist er in Widerstreit mit der Gen-
darmerie geraten, die den Platz säubern wollte. Er wurde deshalb vom Stadtgericht zu 14 Tagen Gefängnis verurteilt, die er
im Universitätskerker verbüßte."[3] 5.2.1866: Hartwichs Name
wird aus den Matrikeln der Universität gestrichen.

Zur ersten Staatsprüfung meldet sich Hartwich am Beru-
fungsgericht Halle. Juni 1867: Zulassung zur Prüfung, die er

nicht besteht. Dezember 1867: Wiederholung der Prüfung mit Erfolg. 1868: Eintritt in den Justizdienst in Köln; Ableistung des Militärdienstes, den Hartwich als Leutnant der Reserve im Rheinischen Kürassierregiment Nr. 8 verläßt. 22.2.1870: Heirat mit Hero Jung aus Köln. Aus der Ehe gehen vier Kinder hervor: eine Tochter und drei Söhne; die Tochter stirbt im Alter von zwei, ein Sohn mit zwanzig Jahren. 1870/71: Teilnahme am deutsch-französischen Krieg im Verwaltungsdienst. 1.7.1874: Hilfsrichter am Landgericht Düsseldorf. 1.10.1879: Amtsrichter am Amtsgericht Düsseldorf. Wohnung der Familie Hartwich: Leopoldstraße 21.

Der Düsseldorfer Stadt-Vermessungsdirektor Franz Schellens hat vierzig Jahre nach dem Tod Hartwichs dessen Lebensdaten zusammengetragen und dessen Bildungsgang skizziert.[4] Der Anlaß zu der Schrift, die 1925 zum ersten Mal erschien[5] und 1927 neu herauskam, war das bevorstehende Jubiläum des Turnklubs Düsseldorf, der 1881 gegründet worden war. Ein Jahr später war der „Zentralverein für Körperpflege" aus der Taufe gehoben worden auf Veranlassung von Hartwich. Nicht nur um an dessen Verdienste zu erinnern, sondern um ihm „Heldenverehrung"[6] entgegenzubringen, verfaßte Schellens seine Schrift und nannte den Gegenstand seiner Verehrung einen „Führer zur körperlichen Ertüchtigung der Jugend und des Volkes."[7] Eine in der zweiten Hälfte der zwanziger Jahre kaum überraschende Bezeichnung für einen Mann, dessen Ideen und Denken zwar dem ausklingenden 19. Jahrhundert entstammen, aber in einer Zeit aufgegriffen wurden, in der ein anderer »Führer« sich mehr und mehr bemerkbar machte.

Emil Hartwich hat seine Vorstellungen in der Broschüre »Woran wir leiden«[8] und in Reden propagiert, die ihn von 1882 an bis nach Leipzig führten.[9] Die Broschüre soll nach Meinung von M. Eichelsheim „wie ein Donnerschlag" gewirkt haben; „man war erstaunt, von einem Nichtfachmann die ganze Wahrheit zu hören und zwar in einer so ungeschminkten und eindrucksvollen Weise."[10] Ausgehend von der zutreffenden Beobachtung, daß die körperliche Betätigung der Jugend zu

18 Emil Hartwich als Reserveoffizier.

wünschen übrig lasse, fährt Hartwich gleich im Vorwort zur ersten Auflage seiner Schrift schweres Geschütz auf, wenn er das bestehende Schulwesen aufs Korn nimmt und behauptet, „alles Heil [werde] in den bekannten, etwas einförmigen »Exercitien auf der Schulbank« gesucht, die immer nur denselben Körpertheil in Anspruch nehmen. Welche nachteiligen Folgen diese... starken Zumuthungen an die körperliche Leistungs- und Widerstandsfähigkeit der Jugend... haben müssen, wollen die Herren, die auf diesem Gebiet... bisher mehr oder weniger unumschränkt schalteten und walteten, absolut nicht einsehen.... So ist denn die »Ueberbürdungsfrage unserer Schuljugend«, die selbstredend für die Zukunft unseres ganzen Volkes von dem allergrößten und einschneidendsten Interesse ist, immer mehr in den Vordergrund getreten.“[11]

Erstaunlich, daß gerade ein Jurist, dessen Ausbildung und Berufsausübung intensive geistige Arbeit erfordern, gegen das „unheilvolle Dogma... des »alleinseligmachenden Geistes«“[12] wettert, gegen den „Götzendienst, der nur dem »Geiste« Weihrauch streut und der schon dem Kinderhirn durch möglichst viele »Fachlehrer« eine Unsumme von überflüssigen Details einpaukt“.[13] Dem Eiferer gegen „Tinte und Druckerschwärze“[14] will es nicht in den Kopf, daß die Kinder „schon in den ersten Jahren das verderbliche Lesen und Schreiben“ lernen sollen, anstatt daß ihnen „durch Vortrag und Anschauungsunterricht“ das Notwendige beigebracht wird. Da eben dies nicht der Fall war, würden „Blutarmuth, Bleichsucht, Skorpehl, Schwindsucht, Tuberkulose, Verdauungsstörung[en]“ um sich greifen, – Übel, die – Hartwich liefert gleich seine Meinung über die Bestimmung der Frau mit – „besonders unser weibliches Geschlecht, die zukünftigen »Mütter« ruiniren“.[15] Von solchen Tiraden ist unfreiwillige Komik nicht weit entfernt: „Das »Land der Denker« hat es... schon zu dem Ruhme gebracht, bei weitem die meisten Eingeborenen zu haben, die ihre Nasen mit Brillen und Kneifern schmücken... Schon setzen Viele der Unglücklichen Brille und Kneifer gleichzeitig auf und sehen doch nichts Gescheites. – Es wird die

Zeit kommen, wo jeder Deutsche – ganz ernst gesprochen – einen Operngucker auf der Nase tragen wird!"[16]

Hartwich erblickt die Ursache für alle Mißstände in einem „Lern- und Unterrichtssystem ..., das sich zu ausschließlich an das Gedächtniß wendet und das keinen Raum zu wahrer Befriedigung der Anforderungen des Körpers und des Gemüthes läßt."[17] Damit nimmt Hartwich die Programmatik der Jugendbewegung vorweg, deren Beginn mit der Gründung von Wandergruppen durch H. Hoffmann 1896 in Steglitz anzusetzen ist: Wandern im Kreis Gleichgesinnter, „»Freude an der Natur« ... und ... bei Wasser und Brod auf einem Lager von Stroh fröhlich und guter Dinge" sein, anstatt sich in Kneipen und Spelunken herumtreiben.

Man sollte annehmen, der antiintellektuelle Sport- und Freiluftfanatiker Hartwich habe seine oft polemisch und mit Witz vorgetragenen Empfehlungen beherzigt. Doch weit gefehlt: – die Gymnasiasten sollen nur deshalb die Wirtshäuser meiden, weil sie sich „zu ihrem eigenen größten Verderb die Freuden der Hochschule [sic!] vorwegnehmen."[18] Freuden, die auch zu den Wanderungen gehörten, die Hartwich organisierte. An ihnen durften Kinder nicht teilnehmen, „der zwanglosen Unterhaltungen wegen", doch „gutartige Hunde ... [waren] gern gesehen."[19] Was die armen Tiere am Ende der Wanderungen zu sehen und zu hören bekamen, hat der Düsseldorfer Lokaldichter Edmund Henoumont in einem zweiundzwanzigstrophigen Gedicht besungen. Es endet mit den Versen:

„Doch jetzt die müden Glieder streckt,
Sitz', Wanderbund, im Kreise.
Die Becher hoch – das Lied geweckt
Nach alter Väter Weise.

Und daß dem frohen Zecherkreis
Die Weihe nimmer fehle,
Dem Vaterland, dem Kaisergreis
Ein Hoch aus voller Secle."[20]

Henoumonts Poem zeigt nicht nur, daß die Wanderer, am Ziel angekommen, dem sonst verpönten Alkohol zusprachen, sondern auch reaktionäre Leute waren. Kein Wunder, daß Hartwich seine Vorstellungen brieflich dem Prinzen Wilhelm von Preußen, dem späteren Kaiser Wilhelm II., vortrug und eine enthusiastische Antwort erhielt.[21] Und das um so mehr, als in der Broschüre »Woran wir leiden« die Sozialdemokratie dafür verantwortlich gemacht wird, daß die „Zufriedenheit und Genügsamkeit, der Sinn für einfachen heiteren Lebensgenuß, die geistige Freude am Dasein, der Idealismus" abnimmt. Eben weil sich die materielle Lage der Arbeiter – „Gott sei Dank" schreibt Hartwich immerhin – besserte, habe „der Heißhunger und die Jagd nach dem Golde"[22] zugenommen. Die Aufgabe bestehe jetzt darin, „den Arbeitern [zu zeigen], daß auch die Gesundheit und die Tugend hohe Güter sind."[23] Wir, so Hartwich weiter, „geben ihnen das, was die phantastischen, unausführbaren Pläne der überstürzenden sozialdemokratischen Priester, deren Weizen blüht, wenn die Arbeiter unzufrieden sind, niemals zu verschaffen vermögen. – Wir nehmen keinen Anstand, unsere ganze moderne geistige Richtung und damit auch unser heutiges Schulwesen mit verantwortlich dafür zu machen, daß eine so unzufriedene Generation heranwachsen konnte, daß Materialismus und Sozialdemokratie keinem Widerstand begegneten in einer frischen, heiteren und gesunden Lebensauffassung."[24]

Wirken diese Ansichten, nicht erst aus heutiger Sicht, schon seltsam genug, so ist eine andere Überlegung – erst recht aus heutiger Perspektive – befremdlich. Der Jurist Hartwich dürfte über die Bestrebungen informiert gewesen sein, die Ende des 19. Jahrhunderts im Zusammenhang mit der Euthanasie aufkamen. Abschätzig erwähnt er Einrichtungen wie: »Findelhäuser«, »Säuferasyle«, »Arbeitshäuser«, »Besserungsanstalten und Rettungshäuser«, »Siechenhäuser«, »Gefängnisse und Zuchthäuser«, »Hospitäler«, »Augenkliniken«, »Irrenhäuser« usw. Und er nennt sie denn auch „Paläste und Labyrinthe...", nur dazu bestimmt,... verschuldetes und unverschuldetes

Elend in sich aufzuspeichern...";[25] man könne „nur mit Sorge in die Zukunft blicken. – Denn die Bewohner dieser öffentlichen Anstalten repräsentiren ja nur den kleineren Theil der Kranken und Verkommenen, und es muß jedem Denkenden klar werden, daß die Leistungsfähigkeit der Kräftigeren und Besseren ihre Grenze erreicht oder gar schon überschritten hat und daß alle ferneren in dieser Richtung aufgewendeten Anstrengungen und Opfer – dadurch, daß sie ihrerseits den Lebensfähigeren und Würdigeren die Mittel zu ihrer eigenen gesunden Existenz entziehen und andererseits eine immer größere Fortpflanzung der Entarteten ermöglichen – in ihrem Endresultat dahin führen müssen, neue Uebel zu erzeugen, statt solche zu beseitigen! – Mit Recht späht daher jeder wahre Menschenfreund nach tauglichen aber wohlfeileren Mitteln aus, dieser drohenden Gefahr zu begegnen. Und da ist es denn ebenso erstaunlich wie betrübend, daß das allereinfachste, billigste, wirksamste und allersittlichste Mittel zugleich noch so wenig ausgenutzt ist, nämlich das: den Menschen von Jugend auf durch rationelle Uebung seiner eigenen Leibes-Kräfte gesunder, stärker und zufriedener zu machen, d. h. fähiger, den Kampf um's Dasein durchzukämpfen."[26]

Während Peter Hüttenberger im dritten Band der Geschichte Düsseldorfs auf die Unterscheidung zwischen den „Lebensfähigeren und Würdigeren" einerseits und den „Entarteten" andererseits nachdrücklich hinweist,[27] hüllen sich diejenigen, die 1993 an den 150. Geburtstag von Hartwich erinnnerten, in Schweigen. Gewiß kann er posthum weder für das von Hitler im Oktober 1939 unter dem Tarnnamen »Aktion T 4« in Kraft gesetzte und später nach der Intervention katholischer Bischöfe und evangelischer Kirchenführer eingestellte Programm zur „Vernichtung lebensunwerten Lebens"[28] noch für die nationalsozialistische Jugend- und Sportpolitik verantwortlich gemacht werden. Aber der »Geist«, aus dem heraus die Tötung der »Entarteten« und die Überbetonung der Leibesübungen – als Hauptfach – möglich wurde, wurzelt in Ansichten, für die neben vielen anderen auch der Sport»pionier« einsteht.

Hartwich war von seinen pädagogischen Vorstellungen so überzeugt, daß er sie auf einen seiner Söhne anwandte und auch Else von Ardenne darüber berichtete: „...Ehrich [sic. Hartwichs dritter Sohn]... geht bekanntlich schon über ein Jahr lang nicht in die Schule und nimmt täglich *eine*... [?]stunde bei einem sehr guten Lehrer. Denken Sie nur auf diese Weise *gewinnt* er ein *ganzes* Jahr! So versitzen unsere Kinder ihr Leben in diesen Brutstätten von Krankheiten, in denen sie die großen Geistesschätze der Vergangenheit und Gegenwart kaum ahnen lernen und in denen alle Eigenart und alles Lesenlernen und aller wahre Wissens- und Schaffensdrang höchst wahrscheinlich erdrückt wird. Er [Erich] soll sich erst körperlich entwickeln und geistig in aller Ruhe selbständig werden. Es ist merkwürdig, wie dieses Kind durch die Ruhe, die ihm gelassen wird, die anderen Kinder... spielen[d] überholt. Dabei entwickelt sich bei ihm eine unendliche Sehnsucht nach Wissen und *Können*, sodaß ich überzeugt bin, [daß]... er einstens seinen Mitmenschen größere Dienste leisten [wird], als wenn er zu früh in der Schule verhunzt (verzeihen Sie das derbe Wort!) wäre.“[29]

Dieser Überzeugung entspricht die Verehrung, die Hartwich dem britischen Afrikareisenden Stanley entgegenbrachte. In dem Brief vom 6. Januar 1885 an Else von Ardenne heißt es: „...ich liebe diese selbständigen Naturen, die ihren Weg gehen und sich möglichst wenig um ihre Herren Mitbürger kümmern. Daß er Livingstone gefunden hat, ist mir ziemlich Wurst, aber daß er seine Schreibfeder hingelegt hat und ohne alle Vorkenntnisse u[nd] ohne im Training zu sein, aufgestanden ist um ihn [Livingstone] im tiefsten Afrika zu suchen, finde ich einfach großartig! Solche Kerls erziehen *unsere* Schulen nicht.“[30] Wagnisse eingehen, die eingefahrenen Geleise bürgerlicher Vertrautheiten und Sicherheiten verlassen, um sich in abenteuerliche Aktionen zu stürzen – das imponierte Hartwich. Er war ein Mensch, der etwas tun und bewirken wollte, nicht jemand, der sich in Kontemplation zurückzog. Davon war Else – weit über den Tod Hartwichs hinaus – tief beeindruckt.

Franz Schellens – wenn auch alles andere als ein objektiver Gewährsmann – ist der einzige, der Hartwich mit einer Fülle anschaulich formulierter Details geschildert hat. Er war „. . . ein hochgewachsener, stattlicher Mensch, schlank, mit selbstbewußter Haltung und freiem Blick." Ergänzt wird diese Aussage mit dem Zusatz, Hartwich sei „eine Siegfriedgestalt mit blauen Augen und dunkelblondem Haar" gewesen. Gleich darauf schränkt Schellens diese Überhöhung ein, indem er feststellt, Hartwich habe „ein sonniges Gemüt" gehabt; ein Gemüt allerdings, – das Positive darf nicht zu kurz kommen – „darin sich kindliche Ursprünglichkeit des Empfindens mit edler Männlichkeit paarte." Dem entspricht nach dem Urteil des Biographen ein „sprühende[r] und lebhafte[r] Geist. . .", dem Hartwichs „Bekannte. . . und die Allgemeinheit viele Anregungen" verdanken. Und was den Umgang mit anderen Menschen angeht, so wird festgehalten, daß Hartwich, „ritterlich und lebensfroh, seinen Freunden. . . ein ganz vortrefflicher, offener und liebenswürdiger Freund" war.

Dem Verhalten Hartwichs räumt Schellens den größten Platz ein:

„Seine Bewegungen waren lebhaft; er hatte einen schwebenden Gang, sein Gehen war fast ein Laufen, was ihm stets das Aussehen jugendlicher Körperfrische gab. Er war ein Sonnenkind, liebte er doch die Sonne über alles, und frische Luft war für ihn so sehr Lebensbedingung, daß er sich fast nie lange in Räumen aufhielt, darin die Fenster geschlossen oder nicht wenigstens die Oberlichter geöffnet waren. Wie es jedem Menschen natürlich erscheint, daß man nur reines Wasser genießt, so war es für ihn selbstverständlich, daß vor allem die Hauptnahrung des Menschen, die Luft, rein sein müsse. Das Verpesten der Luft durch Tabaksqualm war ihm deshalb ein Greuel, abgesehen davon, daß ihn auch sein schöngeistiges Feingefühl von diesem üblen Brauche abhielt. Die Kopfbedeckung war ihm ein entbehrliches Kleidungsstück. Den Schirm hielt er für einen unmännlichen Begleiter. . . . er [trug] Kragen, die den Hals vorne ganz frei ließen, also ein freies Bewegen des

Kopfes ermöglichten. Er war ein Freund jeder körperlicher Übung. Er turnte, ruderte und lief Schlittschuh, er schwamm, er ritt und wanderte; in allen Übungen war er ein Meister.

Den Dauerlauf, jene herrlichste Leibesübung, schätzte er schon damals außerordentlich. Mit seinen Freunden lief er oft von seiner Wohnung im Dauerlauf zum Dienst und wieder zurück. Man kann sich vorstellen, welches Aufsehen das damals erregt haben muß, und wie Hartwichs Person für alle Gesprächsstoff war. Gerühmt wird sein leichter, schwebender Lauf.

In vornehmer Gesellschaft erlaubte er sich oft, entgegen der meist dort herrschenden Steifheit, den Scherz, auf den Händen in die Festräume hineinzulaufen.

Man war zu jener Zeit noch so stark befangen, daß das Baden im offenen Rhein verboten war. Hartwich, der Sonnenfreund, schwamm deshalb an verborgenen Stellen."[31]

Wenn Schellens betont, jedem Menschen erscheine es natürlich, daß man nur reines Wasser genießt, dann steht das in Widerspruch zu einer Aussage Hartwichs in seinem Brief vom 17./27. November 1884 an Else von Ardenne: „Außer schöner Gegend und Gelächter gab es [bei einer Jagd, an der Hartwich teilnahm] Hummer mit Scheren..., zwei Fäßer echtes Münchner Spatenbräu und ungezählte Flaschen »very old Cognac«."[32] Die Liebe zu einem scharfen Tropfen beflügelte Hartwich sogar so sehr, daß er darüber zum »Dichter« wurde:

> „Heute, Brüder dürft ihr trinken,
> Heute, setzt euch hin zum Schmaus!
> Seht die stolzen Ruder blinken
> als den schönsten Schmuck im Haus!"[33]

Hartwichs Freude an geselligen Zusammenkünften fand ihren Ausdruck auch darin, daß er der „frohsinnigen" Gesellschaft »Die Uel« (Die Eule) angehörte, „einem Treffpunkt junger, angesehener Offiziere und Beamter."[34] Zum Kreis dieser Leute stieß auch Armand von Ardenne. Man traf sich unter dem „Sinnspruch":

„Bei dem Symbol der Weisheit sitzen,
Heißt, sich noch nicht vor Torheit schützen.
Doch wenn bei kernig guten Witzen
Die angeregten Geister blitzen,
Dann rückt in diesem Blütenschmelz
Man schon der Weisheit auf den Pelz."[35]

Schellens wendet die von ihm zusammengetragenen Äußerlichkeiten ins Idealistische. Dadurch erscheint Hartwich als ein Held. Realistisch bewertet, war dessen Auftreten burschikos: ohne Scheu tat er das in der Öffentlichkeit, wozu er aufgelegt war und was nach (spieß)bürgerlichen Maßstäben zu einem Königlichen Amtsrichter nicht im geringsten paßte. Zu den Scherzen, die Hartwich sich erlaubte, kam sein Engagement für die körperliche Ertüchtigung der Jugend, – alles zusammen genommen Gesprächsstoff genug, um in Düsseldorf Stirnrunzeln hervorzurufen.

*

Die dem Amtsrichter entsprechende Figur in Fontanes Roman ist der Landwehrbezirkskommandeur Major von Crampas. Um ihn und seine Frau zu charakterisieren, bedient sich Fontane eines Kunstgriffs, der es erlaubt, das Ehepaar Crampas und besonders den Major ganz aus der subjektiven Perspektive Effis zu schildern:
„»Etwas, meine liebe Mama, hätte ich beinah vergessen: den neuen Landwehrbezirkskommandeur, den wir nun schon beinahe vier Wochen hier haben. Ja, haben wir ihn wirklich? Das ist die Frage, und eine Frage von Wichtigkeit dazu, so sehr Du darüber lachen wirst und auch lachen mußt, weil Du den gesellschaftlichen Notstand nicht kennst, in dem wir uns nach wie vor befinden. Oder wenigstens ich, die ich mich mit dem Adel hier nicht ganz zurechtfinden kann. Vielleicht meine Schuld. Aber das ist gleich. Tatsache bleibt: Notstand, und deshalb sah ich, durch all diese Winterwochen hin, dem neuen Bezirkskommandeur wie einem Trost- und Rettungsbringer entgegen. Sein

Vorgänger war ein Greuel, von schlechten Manieren und noch schlechteren Sitten, und zum Überfluß auch noch immer schlecht bei Kasse. Wir haben all die Zeit über unter ihm gelitten, Innstetten noch mehr als ich, und als wir Anfang April hörten, Major von Crampas sei da, das ist nämlich der Name des neuen, da fielen wir uns in die Arme, als könne uns nun nichts Schlimmes mehr in diesem lieben Kessin passieren. Aber, wie schon kurz erwähnt, es scheint, trotzdem er da ist, wieder nichts werden zu wollen. Crampas ist verheiratet, zwei Kinder von zehn und acht Jahren, die Frau ein Jahr älter als er, also sagen wir fünfundvierzig. Das würde nun an und für sich nicht viel schaden... Aber... [die] Frau von Crampas, übrigens keine Geborene,... ist immer verstimmt, beinahe melancholisch..., und das alles aus Eifersucht. Er, Crampas, soll nämlich ein Mann vieler Verhältnisse sein, ein Damenmann, etwas was mir immer lächerlich ist und mir auch in diesem Falle lächerlich sein würde, wenn er nicht, um eben solcher Dinge willen, ein Duell mit einem Kameraden gehabt hätte.... Beide, Herr und Frau von Crampas, waren vor vierzehn Tagen bei uns, um uns ihren Besuch zu machen; es war eine sehr peinliche Situation, denn Frau von Crampas beobachtete ihren Mann so, daß er in eine halbe und ich in eine ganze Verlegenheit kam. Daß er selbst sehr anders sein kann, ausgelassen und übermütig, davon überzeugte ich mich, als er vor drei Tagen mit Innstetten allein war, und ich, von meinem Zimmer her, dem Gang ihrer Unterhaltung folgen konnte. Nachher sprach auch ich ihn. Vollkommener Kavalier, ungewöhnlich gewandt.... Ja, meine liebe Mama, das wäre nun also etwas gewesen, um in Kessin neues Leben beginnen zu können... Aber die Frau! Ohne sie geht es natürlich nicht, und mit ihr erst recht nicht.«"[36]

Franz Schellens hat es sich nicht nehmen lassen, besonders zu Fontanes Roman Stellung zu nehmen und in diesem Zusammenhang auf Conrad Wandreys Buch[37] zurückgegriffen. Dabei wird deutlich, daß Schellens den Satz Wandreys: „Die [von Fontane] gehörte »Geschichte« war wohl der Anstoß, der einen dichterischen Prozeß in Bewegung brachte..."[38], nicht zu würdigen weiß. Denn Schellens behauptet: „...[Hartwichs] Schicksal hat zwei Romanschriftstellern [Fontane und Spielhagen] zum Vorwurf gedient."[39] Wer je »Effi Briest« gelesen hat, weiß, daß im Mittelpunkt Effi steht und nicht Crampas. Schellens, okkopiert von seinem Helden, hat offenbar an den Briefstellen Effis Anstoß genommen, in denen sie Crampas einen „Mann vieler Verhältnisse", einen „Damenmann" nennt. Für künstlerische Gestaltung oder „Umgestaltung" (Fontane) fehlte Schellens jedes Verständnis: „Der zweifelhafte Charakter des Majors Crampas hat mit der idealen Siegfriedgestalt unseres Helden [Hartwich] auch nicht die geringste Ähnlichkeit."[40] So steht für den Hartwich-Verehrer fest, daß Fontane „in Effi Briest Menschen ohne jeden Hochschwung der Seelen hingestellt hat. Entweder ist er diesem edelsten Stoff nicht gewachsen gewesen, oder der Stoff ist ihm von einer kleinlichen Seele hinterbracht worden, so daß nur einige Äußerlichkeiten den Leitgedanken bilden konnten."[41]

*

Als sich Else von Ardenne und Emil Hartwich begegneten, muß ihr bald der Kontrast zu Armand aufgefallen sein: hier der an Haltung und militärische Umgangsformen gewohnte Uniformträger von Ardenne – dort der ungestüme, die gesellschaftlichen Etikette bewußt ignorierende Zivilist Hartwich; hier der auf den preußischen Barontitel und auf die Ehe mit einer Edlen und Freiin Angewiesene – dort der Bürgerliche; hier der pflichtbewußte, an Befehl und Gehorsam gewohnte Offizier, der das Bestehende nur mit Vorsicht kritisierte – dort jemand, der sich nicht nur Extravaganzen leistete, sondern sich auch die Freiheit nahm, das etablierte Schulsystem anzugreifen und temperamentvoll bei dem zukünftigen Kaiser für Reformen einzutreten. Der Düsseldorfer Amtsrichter war alles andere als ein Mann, der nur an sein berufliches Fortkommen dachte. Die Erfolge seines Konkurrenten erschöpften sich im Erklimmen der Karriereleiter, und er legte sich über seine Mißerfolge bei Frauen erst Rechenschaft ab, als es zu spät war. Spielhagen wußte zudem von den „antitheatralischen Neigungen" Ardennes. Hartwich dagegen schätzte nicht nur Oper und Schauspiel, er liebte Kostümierungen und trat selber auf. Worin sich die Interessen beider Männer trafen, war die Musik: Hartwich spielte Cello, Ardenne Klavier.

Leicht nachzuvollziehen, welche Folgen das Zusammentreffen Else von Ardenne / Emil Hartwich haben mußte, zumal angesichts der Voraussetzungen, unter denen Else im Sommer 1870 in Stechow den Bibelspruch geschrieben und Armand zugesteckt hatte. Aber der Krieg war längst vorüber. Jetzt in Düsseldorf denkt kaum mehr jemand daran, höchstens Soldaten, die für den nächsten Feldzug ausgebildet werden. Was geht das eine Frau an, die mitten im Frieden am Rhein lebt und die angenehmen Seiten des Lebens genießen will. Da mag dieser Spielhagen im fernen Berlin herumlamentieren und den Jammer heraufbeschwören, daß Else „in einer Provinzstadt [i]hr jung frisch Leben vertrauern ... müsse ...", [42] – dieser Mann hat keine Ahnung von Benrath, weiß nichts von Düsseldorf, nichts von Else von Ardenne. Und erst recht nichts von Emil Hartwich.

11
Das Portrait

Die Bekanntschaft des Ehepaars Hartwich mit den Ardennes hatte auf einem Malkastenfest begonnen. Die beiden Männer trafen sich in der »Uel« und bei anderen Gelegenheiten wieder. Auch unternahmen sie gemeinsame Ausritte, doch „leider ohne »Herrin«", wie Hartwich einmal bedauert, „ein Wunsch, der mir nun mal nicht in Erfüllung geht."[1]

Außerhalb seines Berufes setzte sich der Amtsrichter nicht nur für die körperliche Ertüchtigung der Jugend, für das Wandern, Rudern und Turnen ein, sein Interesse galt in besonderem Maße der bildenden Kunst. Zu den Freunden, mit denen er oft zusammenkam, gehörten Professoren der Kunstakademie. An diesen Treffen nahm auch Else teil. Sie hörte dabei Gesprächen zu, die ihr seit den Abenden im Salon Emma Lessings vertraut waren, nur mit dem Unterschied, daß an der Spree ein Maler von der Qualität eines Max Liebermann zu den Gästen gehört hatte, während die Koryphäen am Rhein Wilhelm Beckmann und Peter Jansen hießen. Man gab sich dem „Kunstschwärmen... an der Hand zweier Professoren" hin, wie Hartwich das etwas süffisant ausdrückte, die „gewiß unseren Kunstsinn bedeutend veredeln werden."[2]

In seinen 1930 veröffentlichten Erinnerungen »Im Wandel der Zeiten« schildert der Maler und Kunstprofessor Wilhelm Beckmann ausführlich diese Zusammenkünfte: „Wir waren oft, ein enger kleiner Freundeskreis, in dem blumenduftenden Garten eines wundersamen Rokokoschlosses bei Wein und Liedern, Gedichten und Gesängen an weichen stimmungsvollen Sommertagen bis tief in die sternenhelle Nacht hinein um eine aristokratische Frau vereint. Die Nachtigall schmetterte ihr sehnsuchtsvolles Locklied, der Vollmond breitete seinen fahlblauen Lichtschleier über die Wiesen, und gespenstig standen im Hintergrunde die Bäume des Waldes. Wir saßen um die schöne blasse Frau mit den wundersamen Rätselaugen und der silberhellen Stimme im wassergleitenden Kahn und küßten der Zauberin die schlanke Hand, wenn sie uns die funkelnden Pokale mit würzigem Wein füllte. Wir ritten über Land, wir fuhren in die Dörfer, wir gingen im Frühling unter einem Wald von blühenden Obstbäumen, über duftende Wiesen, ruhten unter Weiden und Pappeln am nie rastenden Strome, ruderten, schossen, malten oder dichteten, und vergaßen dabei die Zeit. Das Schloß hieß Benrath.

Die Herrin, wie sie sich nannte und genannt sein wollte, war Else Freifrau von Ardenne. Ihr Mann, Rittmeister bei den Düsseldorfer Husaren, lag mit seiner Schwadron in der kleinen Garnison Benrath.... Der jeweilig dorthin kommandierte Rittmeister führt das beneidenswerte Leben eines Serenissimus. Und Ardenne, ein geistreicher Offizier von umfassenden Kenntnissen, musikalisch und belesen, war ganz der Mann, einen Kreis um sich zu versammeln und zu fesseln. Wir sahen uns fast täglich."[3]

Hartwich begnügte sich nicht mit diesen stimmungsvollen Schwärmereien. Er, ein Mann voller Aktivität, strebte originäre Leistungen an. Wie bei der Sportpropaganda und den Bestrebungen um die Schulreform, mußte er bei der Kunstausübung mit dem Handikap fertig werden, „Nichtfachmann" (Eichelsheim) zu sein. Zugleich besaß er den Ehrgeiz und das Talent, mehr hervorzubringen als ein paar laienhaft hingepinselte Bilder für die eigene Wohnung. In den Genuß der malerischen Bemühungen sollten auch Leute kommen, welche die Düsseldorfer Malerszene kannten, Geschmack hatten und höhere Ansprüche stellten als Onkel, Tanten und die Schwiegereltern. Um vor den Kennern einigermaßen bestehen zu können, war der kunstbeflissene Amtsrichter auf die Anleitung eines künstlerisch wie pädagogisch befähigten Fachmanns an-

gewiesen. Peter Jansen, Professor an der Düsseldorfer Kunstakademie, unterzog sich dieses Freundschaftsdienstes.

Da der Wunsch, mit Else von Ardenne auszureiten, unerfüllt
blieb, weil sie über kein Pferd verfügte, fand Hartwich eine
andere Möglichkeit, mit der verehrten Frau öfter als üblich zusammen sein zu können: er portraitierte sie. Allen, die von
dem Plan erfuhren, mußte einleuchten, dieses Bildnis werde
dem Kunstamateur nicht von heute auf morgen gelingen. Wie
er mit schwungvollen Buchstaben seine Briefbögen füllte, wird
er auch die Farben auf die Leinwände aufgetragen haben, –
impulsiv, spontan und mit einer Geschwindigkeit, die in der
listig herbeigeführten Erkenntnis endete: „es ist einstweilen
noch nicht das drin, was ich möchte; überhaupt noch nicht zum
Ansehen;... [man] würde mich mit Recht für anmaßend halten, meine Künste an so schwerer Aufgabe zu prüfen."[4] Das
schrieb Hartwich am 18. August 1883. Im gleichen Brief kün-
digte er an, beim nächsten Mal „das liebe Professorchen" mit-
zubringen, „um wieder aufs Neue mein Heil zu versuchen."[5]

In seinen Briefen an Else nennt Hartwich Armand von Ardenne „Arminius" oder den „guten Arminius". Das wirkt ironisch, doch despektierlich hat sich der Amtsrichter nie über
den Rittmeister geäußert. Er ist eine Größe, mit der unter allen
Umständen zu rechnen ist, – das dürfte Hartwich klar gewesen
sein. Aber wie mit dieser Größe umgehen, zumal schon das
Gespräch in Wiesbaden stattgefunden hatte? Welche Möglichkeit blieb dem, der für sich als Schicksal empfunden hatte,
der Frau von Ardenne begegnet zu sein? Hartwich löste das
Problem, indem er mit offenen Karten spielte. Die Treffen mit
seinem Modell inszenierte er als untadelige Sitzungen. Auf offener Bühne fanden sie statt. Jeder durfte zuschauen, zuerst
und vor allen anderen Professor Peter Jansen. Er beobachtete
Hartwich, leitete ihn beim Malen an. Und wenn Jansen gefragt
werden würde, was denn da so vor sich gehe, konnte er etwas
von zu harten oder zu weichen Pinselstrichen, von der Wahl der
Farben, von Farbabstufungen, Vorder- und Hintergründen erzählen. Wem das böhmische Dörfer waren, dem konnte Hart-

wich wahrheitsgemäß entgegnen: Das Bild, das ich von der gnädigen Frau herstelle, ist eine Geburtstagsüberraschung für ihren Mann. Sie weiß es nicht nur, sie tut mit. Ich muß mich beeilen.

Armands Geburtstag ist am 26. August. Einige Tage vorher will Hartwich Else von Ardenne eine Nachricht zukommen lassen. Jetzt könnte er einen seiner so geschätzten Dauerläufe machen. Aber das wäre zu auffällig. Wer weiß, was die Leute nicht schon alles beobachtet haben, ob sie hinter ihren Gardinen nur darauf warten, daß der Herr Amtsrichter angetrabt kommt. Nein, nein, das wäre zu leichtsinnig. Wozu hat man denn Kinder... So setzt sich der Vater an den Schreibtisch, holt Tinte, Feder und Papier hervor, schreibt einen Brief und schickt seine Söhne damit zu der „Hochverehrten und lieben Frau!".

Als erstes erfährt sie, sie könne die Jungen sofort wegschikken, falls sie ihr zur Last fallen würden – „(man denke an die Abneigung des guten Arminius)", setzt Hartwich in Klammern hinzu. Und dann seine Bitte: er werde morgen kommen und „einen Zeichenapparat mitbringen. Wenn ich es nehmlich zum 26^t versuchen will, so muß ich recht bald eine Untermalung herstellen, die mir Hoffnung macht, sonst liegt alles in zu weiter Ferne. Hero kommt erst morgen Abend...; ich kann also von ½ 10–6 malen; das läßt sich sehen. Fragen Sie das liebe Professorchen! Daß es mir von Herzen Freude macht, wissen Sie: erstens male ich gerne; zweitens male ich Sie gerne, drittens male ich Sie gerne in Professorchens Gesellschaft, viertens male ich Sie gerne in Professorchens Gesellschaft für Armand; ich habe nehmlich unter Umständen einen prachtvollen Rahmen. Also! Bitte verfügen Sie über mich; den Empfang für die gute Hero, der es übrigens wieder besser geht und die mich in Brüssel nicht haben will, bereite ich heute vollständig vor. Mein einziges Bedenken, das ich habe, ist daß Sie armes Opferlamm schrecklich durch das Sitzen gequält werden. ... Von diesem Brief darf das Geburtstagskind natürlich nichts sehen. Wenn Sie mich morgen gebrauchen können, dann reite ich mit Armand erst Dienstag, worauf ich mich sehr freue.

(Freuen Sie sich mal mit, daß ich mich wieder freuen kann!) Wenn Sie mich morgen nicht gebrauchen können, dann werde ich mich den ganzen Nachmittag in meine Klause einschliessen..."[6]

Wenige Tage später brach Hartwich mit seinen Malutensilien nach Benrath auf; heimlich, versteht sich, der Überraschung wegen. Kaum war er nach Hause zurückgekehrt, erfuhr er „die betrübende Nachricht..., daß – passen Sie auf! – unsere Überraschung ins Wasser fällt. Arminius ist – ich habe es den ganzen Reitweg gefürchtet – zu Pferde bei mir gewesen, hat einen Schluck Bier getrunken und von dem Theresel freudestrahlend die Nachricht erhalten, daß ich mit wunderbaren Gegenständen ausgerüstet gen Benrath gezogen sei. Mein einziger Trost ist, daß Arminius keine Ueberraschungen liebt! Er thut mir nun doch leid; denn wenn es [das Bild] nicht gelingt, was ich fürchte, so hat er sich, wenn auch nur gering, doch etwas getäuscht; er hat nehmlich gleich auf den Geburtstag gerathen. – Zeigen Sie ihm nun bitte das opus miserabile nicht; stellen Sie es bitte vielmehr in ein heißes Sonnenzimmer, damit es tüchtig trocknet; mit der Butterseite nach der Sonne; ich kann es dann bald »schleifen« und auf der dünnen Haut recht gut weiter malen; ganz ist Polen noch nicht verloren; Nordlicht und Ruhe thun viel. Jedenfalls stelle ich mal von Ihnen ein Bild her; das allein kann mir unter den gegenwärtigen Umständen die Freude an der Malerei erhalten... Wenn Sie können, kommen Sie vielleicht doch morgen mal eben vorbei, um den hübschen Blumenstrauß zu sehen. Für den Fall, daß Sie nicht kommen können, so theile ich Ihnen die Worte... mit: Sei willkommen, liebe Maus, als der beste Theil vom Haus, hier im ew'gen Blumenstrauß: ... Sie sehen, die Benrather Luft hat mir wieder gut gethan. Ihr freundliches Wesen ist mir Vorbild, wie man Menschen behandeln soll. Ade! – Ihr unterthänigster Hartwich"[7]

Die Geburtstagsüberraschung war hinfällig geworden, dennoch hielt Hartwich an seinem Plan fest. Er versprach Else, auf jeden Fall das Bild von ihr herzustellen; das allein könne ihm unter den „gegenwärtigen Umständen die Freude an der Malerei erhalten." War es nur die »Freude an der Malerei«? Und was heißt: »unter den gegenwärtigen Umständen«? Die Hartnäckigkeit, mit welcher der Maler an der selbst gestellten Aufgabe festhielt, läßt die Deutung zu: er war in höchstem Maß von Else von Ardenne angetan, ja in sie verliebt. In dieser Verfassung kreiste sein Sinnen und Trachten von Tag zu Tag mehr um die Frage, wie er mit der Angebeteten zusammen kommen und sich ihr offenbaren könne. Sie auf dem Umweg über ein sprachliches Zitat (den läppischen Vers mit der Maus) zu duzen, war so pennälerhaft, daß Hartwich nicht sicher sein konnte, ernst genommen zu werden. Das Portrait von ihr zu malen, eröffnete bessere Möglichkeiten. Somit rückt das Bild – einstweilen – an die Stelle des Originals und erfüllt eine Ersatzfunktion.

Im nächsten Brief schrieb Hartwich: „Ich bin ein rechter Quälgeist, aber es geht nicht anders. Heute um ½2 muß ich ja bei Jansen [die] Herrin malen, ohne das Model[l] vor mir zu haben. Da mir nun Hero sagt..., daß die jetzige Phantasiefarbe falsch ist und ich das später nicht mehr ändern kann, so bitte ich dem Ueberbringer dieses einen kleinen Theil ihres Haarschmuckes in einem verschlossenen Couvert (das ich beilege) verabfolgen zu wollen. Ich verspreche, dieses Kleinod zurück zu erstatten oder jedenfalls keinen Unfug damit zu treiben. Haben Sie heute oder morgen Liebesmal? Im letzten Fall ist es Ihnen gewiß zu viel, wenn ich Samstag zum Malen komme.... ich [bin] heute kreuzfidel und durch das schöne Wetter in so gehobener Stimmung wie lange Tage nicht; der Ritt hat mir doch gut gethan. Vielleicht ist es auch die Freude, daß mir Ihr Bildchen zu gelingen scheint; ich habe es eben angesehen und jetzt habe ich die Idee, als hätte ich Sie heute schon gesehen.... Also senden Sie mir bitte eine Locke und befehlen Sie ihr, daß sie mir gute Dienste thut.... Ihr Hartwich"[8]

Daß Eltern von ihren Töchtern Zöpfe zur Erinnerung aufbewahren, ist nichts besonderes. Bemerkenswert dagegen, wenn ein erwachsener Mann von einer Frau eine Locke erbittet. Hartwich war sich über das Außergewöhnliche seines Wun-

19 So portraitierte Emil Hartwich Else von Ardenne.

sches im klaren. Daher gab er als Grund an, er benötige sie für
die Fertigstellung des Portraits. Um seinem Begehren nach
außen hin das Anstößige zu nehmen, behauptete er sogar, seiner
Frau Hero sei ein Fehler bei der bisherigen Farbgebung aufgefallen. Damit seine Bitte unter keinen Umständen publik
würde, beauftragte Hartwich mit der Zustellung des Briefes
einen Boten, dem Else in einem beigelegten und verschlossenen

Umschlag die Locke aushändigen sollte, und versprach, sie zurück zu geben. Wann das geschehen solle, ließ Hartwich offen. Naturgemäß hätte er ausweichend darauf geantwortet. Die richtige Farbwahl konnte er solange hinauszögern, bis er die Frau, von deren Kopf die Locke stammte, sein eigen nennen durfte. Bis es soweit sein würde, mußte Hartwich warten, den gesellschaftlichen Konventionen genügen und vor allem die Ardennsche Ehe respektieren, – und das unter den Voraussetzungen einer extremen Anspannung. So dürfte es nicht allzu spekulativ sein, dem Wunsch nach einer Locke eine besondere Bedeutung beizumessen, zumal Hartwich diese Locke ein Kleinod nennt. Das mag humorvoll gemeint gewesen sein, zeigt aber auch sein heftiges Begehren nach Else. Eine Kostbarkeit von ihrem Körper zu besitzen, hieß einstweilen sie besitzen: die Locke als Fetisch. Ob Else von Ardenne Hartwichs Wunsch erfüllt hat, ist ungewiß.

In dem Konvolut der Hartwich-Briefe existiert ein Blatt, das eine andere Seite von Hartwichs Zustand offenlegt: „Der Post wegen mache ich diese Hülle um den Brief; zwar kann ihn Jeder der Lust hat, lesen; aber ich glaube, die Beamten in Benrath sind instruirt; man muß ihnen das Handwerk daher möglichst erschweren."[9] Diese Zeilen beweisen, daß Hartwich sich beobachtet vorkam und selbst gegen die Postboten mißtrauisch war. Er fing an Gespenster zu sehen und witterte Verschwörungen gegen Else und sich. Ob sein Gespensterglaube so weit ging, Armand von Ardenne zu verdächtigen, er stecke hinter der Postkontrolle, ist nicht zu belegen. Der Kommandeur der in Benrath stationierten Schwadron, eine offizielle Figur in der Stadt, dürfte sich schwer getan haben, die Beamten zum Bruch ihres Dienstgeheimnisses zu verleiten. Ausgeschlossen ist aber auch das nicht.

1877 erschien in den „Jahrbüchern der deutschen Turnkunst" ein Beitrag unter dem Titel »Emil Hartwich und seine Bedeutung für die Förderung der Leibesübungen in Deutschland«. Autor ist der Bonner Physiologe Ferdinand August Schmidt, der mit Hartwich die Zeitschrift „Körper und Geist" herausgegeben hatte.[10] Schmidts Beitrag beginnt mit den Sätzen: „Ein blutiges Trauerspiel endete am 2. Dezember 1886 das Leben eines Mannes, dessen Name bei allen Freunden der Leibesübungen und der nationalen Erziehung in den letzten Jahren ein vielsagender war. Amtsrichter Hartwich starb, erst 44 Jahre alt, in Berlin an den Folgen eines im Zweikampf auf Leben und Tod erhaltenen Schusses in den Unterleib. Ein düsterer Schatten fällt damit auf das Leben dieses hochbegabten Mannes. Die Schuld, die er auf sich geladen, hat er mit dem Tode gebüsst, wenn man bei den Handlungen eines in beginnender Geisteszerrüttung befindlichen Menschen noch von eigentlicher Schuld reden darf. Denn es ist nicht mehr zu bezweifeln, dass dieser rege Geist in den letzten Monaten schon sichtlich der Nacht des Wahnsinns entgegen ging, wozu erbliche Anlagen in der Familie vorhanden waren. Und in diesem Betracht war sein früher Tod eine Erlösung für ihn."[11]

Erstaunlich, daß Schmidt nicht nur auf die Todesumstände Hartwichs zu sprechen kommt, sondern auch auf dessen Geisteszustand. Den benutzt er dazu, um den Verstorbenen von Schuld freizusprechen. Allerdings ist zu fragen: von welcher Schuld? Hartwichs Kontrahent gab die todbringenden Schüsse ab und nicht umgekehrt. So müßte doch dem Kontrahenten Schuld zugesprochen werden, es sei denn, Schmidt sei der Auffassung gewesen, allein schon damit, daß jemand eine Forderung zum Zweikampf annimmt, mache er sich schuldig. Weiter fällt auf, daß mit keinem Wort auf die Ursache des Duells eingegangen wird, eine in Schmidts Augen offenbar degoutante Affäre. Er gab lediglich der Gewißheit Ausdruck, Hartwich sei sichtlich der Nacht des Wahnsinns entgegen gegangen. Wer das in einer jedem zugänglichen Publikation bekanntgibt, muß besser über den Zustand des Verstorbenen informiert gewesen sein als z. B. Franz Schellens. In seiner auf Heldenverehrung angelegten Schrift schreibt er: „Hartwich war ein kerngesunder Mensch."[12] Zum Beweis führt Schellens ein Zitat aus Hartwichs vierter Rede an: „Ich sage es mit ebensoviel Stolz wie Freude: Außer um Wunden zu heilen ist der Arzt noch nicht an meinem Leibe gewesen, und die Apotheker würden sämtlich verhungern, wenn sie nicht mehr verdienten als an mir." [13] Diese Selbstaussage aus dem Jahr 1883 bezieht Hartwich nur auf seinen körperlichen Zustand, nicht auf seine psychische Beschaffenheit.

Unter welchen Begleitumständen und in welchem Ausmaß Hartwich Else von Ardenne verfallen war, überliefert Beckmann: „Wir sahen uns fast täglich. Im Winter unter dem Weihnachtsbaum, bei den Geburtstagen, bei den Malkastenfesten, im Theater oder auf dem Eise, bei Regen, Schnee und Sonnenschein. Im Sommer unter ewigem Wechsel der Szenerie zum Entsetzen der klatschsüchtigen Welt, gefördert und begeistert von der Anmut und der Poesie jener sich stets gleichbleibenden Frau. Indem sie in ihrer Natürlichkeit und Sicherheit sich in ungebundener Freiheit gab, wirkte sie durch ihr ganzes Wesen und ihre intensiven geistigen Anregungen auf uns alle in einer beglückenden Weise dergestalt ein, daß ein jeder von dem Zeitpunkte an, wo er in ihren Bannkreis trat, fühlte wie seine Schaffenskraft gesteigert wurde.

Daß ein solcher Verkehr durch die Macht der Verhältnisse bei einem der Freunde mit der Zeit eine solche Kraft der Gefühle aufspeichern mußte, daß eines Tages die Glut der Empfindungen die gewaltsam zurückgehaltene Selbstbeherrschung durchbrechen würde, sahen wir mit wachsendem Bangen voraus." [14]

Wie aus der bereits früher zitierten Textpassage hervorgeht, verklärt der auf äußerste Stilisierung bedachte Maler auch hier seine Erinnerungen. Das zeigt vor allem die Schilderung der Benrather Mittelpunktsfigur. Offensichtlich war Beckmann nach vielen Jahren noch von Else von Ardenne fasziniert, die auch ihn begeistert hatte. Was die Förderung angeht, so wirkte sie sich bei den Künstlern auf eine Steigerung ihrer Schaffenskraft aus. Bei Hartwich schürte sie die Glut der Empfindungen und trieb ihn in einen Zustand, den Beckmann zwar wahrgenommen hat – damit bestätigt er indirekt Schmidts Behauptungen –, doch nicht verzeihen konnte. Beckmann verschweigt

20 *Emil Hartwich als Königlicher Amtsrichter zu Düsseldorf.*

den Namen Hartwich und schreibt lapidar, einer der Benrather Freunde sei „im Duell von der Hand des Mannes [gefallen], der ihm stets in Treue und Glauben vertraut hatte."[15] Über diese Darstellung hat sich Else später bitter beklagt.

Die Voraussetzungen, unter denen Hartwichs Neigung zu Else stand, waren vielschichtiger, als Beckmann sich das vorzustellen vermochte oder zuzugeben bereit war. Hat er, der Berufsmaler erkannt, warum der Jurist auf das Malen so versessen war? Wußte er, wie es um Hartwichs Ehe stand?

Bei Franz Schellens spielt Hero Hartwich eine untergeordnete Rolle. Er gibt lediglich bekannt, die Heirat mit Emil Hartwich habe Anfang 1870 stattgefunden (das genaue Datum 22.2.1870 hielt der Biograph für unwesentlich), und aus der Ehe seien eine Tochter und drei Söhne hervorgegangen.[16] Um Hero Hartwich ein wenig mehr Beachtung zu schenken, wird betont, sie sei die Tochter „eines bekannten Barrikadenkämpfers von 1848", der auch Mitglied der Nationalversammlung gewesen ist; sie sei die Schwester „jener Frau vom Rath, der Gattin des Präsidenten der Deutschen Bank, deren [wessen?] Haus... in Berlin der Sammelpunkt anfangs für Politiker und später der Künstlerwelt wurde."[17] Schließlich wird Hero Hartwich als Cousine Mathilde Wesendonks, der Freundin Richard Wagners, vorgestellt. In dieser Perspektive erscheint Hero als eine Frau, über die sich nur etwas sagen läßt, indem man den Vater herausstellt und würdigt; und wenn Schellens die Schwester oder die Cousine erwähnt, dann wiederum im Hinblick auf zwei Männer, die noch dazu berühmt waren. Diejenige, um die es geht, verschwindet hinter den Zufälligkeiten von Abstammung und Verwandtschaft. Eigenständigkeit billigt Schellens dieser Frau nicht zu. Das Portraitphoto, das er von ihr in sein Buch aufgenommen hat, zeigt eine gepflegte Dame, die wesentlich bescheidener wirkt als ihr Mann. Während er – sei es in Zivil oder in Uniform – posiert und sich in Szene setzt, ist sie einfach da. Und ihr melancholisch-nachdenklicher Blick deutet an, sie ist nicht gerne da, – „ist immer verstimmt, ... und das alles aus Eifersucht", wie Effi über Frau von Crampas schreibt.

*21 Hero Hartwich, die am 22. Februar 1870 mit Emil Hartwich
die Ehe einging.*

In den Briefen Hartwichs an Else erwähnt er seine Frau ab
und zu, und meist nur kurz: „die gute Hero [hat] sich sehr erholt... , [muß] aber für die ersten Tage »ruhen«", schreibt er;
im gleichen Brief dann weiter, er sei „so froh, daß Hero sich
wirklich trotz des Hustens bestens erholt hat."[18] War er tatsächlich froh? Daß Hartwich seine Frau die »gute Hero« nennt,
weckt Zweifel. Als es um die Geburtstagsfeier für Armand
geht, übermittelt Hartwich: „Hero kann sich natürlich nicht
loseisen."[19] Weshalb »natürlich«? Weil sie häuslichen Pflichten

genügen mußte oder wieder einmal Husten hatte? In einem anderen Brief kommt Hartwich darauf zu sprechen, daß es „doch noch gute Menschen auf der Welt" gibt, und er fährt fort: „Ein solcher Mensch ist auch die gute Hero; sie sorgt mit rührender Liebenswürdigkeit für uns Herren und ist natürlich ganz erschöpft; deshalb soll ich sie für heute entschuldigen..." [20] Einige Tage später: „Hero... ist eine ehrliche Haut und gesteht offen, daß die Unterhaltung mit uns Männern reizvoller und lohnender ist..." [21] Und schließlich: „Herochen will ohne mich dieser Tage nach Freiburg zu einem berühmten Arzt reisen; es ist mir recht; denn man kann nicht genug für die Frauen thun." [22]

Kein Zweifel: Heros Krankheiten werden ironisiert und mit wenig Respekt und ohne Feingefühl als Bagatellen abgetan. Ob der Ehemann auf den Gedanken gekommen ist, sich selbst als Ursache für die Unpäßlichkeiten zu betrachten, ist eine Frage, die für ihn weniger wichtig war. Im Gegenteil: Hartwich dürfte froh gewesen sein, daß sich seine Frau zurückhielt, gleichsam in die Kränklichkeit floh, damit er freie Bahn hatte. (In späteren Jahren hat sich der Gesundheitszustand Heros dann zunehmend verschlechtert: sie starb schon im Alter von einundsechzig Jahren am 26. Februar 1906.) Was hier als Spott über Hero erscheint, war nichts anderes, als daß Else von Ardenne erfahren sollte, Hartwichs Ehe werde kein Hinderungsgrund für eine spätere Verbindung mit Else sein.

Solange Armand von Ardenne noch am Rhein stationiert war, bemühte sich Hartwich weiterhin darum, Else zu portraitieren, kam aber nicht weiter damit. So verewigte er Armand und den Sohn Egmont. Die Arbeit an dem Kinderbild hat Hartwich selbstkritisch und liebevoll kommentiert: „Ich war zu hastig und das kleine Kerlchen trotz seines besten Willens zu unruhig. Dazu hatte ich eine schwere Stellung und Beleuchtung gewählt; man wird immer klüger; auch verstehe ich jetzt noch besser, warum Lenbach den kleinen [...?] Knaben 18mal photographieren ließ; dann geht die Sache jedenfalls besser. Aber gewiß wird das Egmont[portrait?] bombenfest; das ist einer

22 *Die alte Hauptwache in Düsseldorfs Kasernenstraße,*
vorübergehend Wohngegend der Ardennes.

meiner Herzenswünsche. Seien Sie übrigens nicht bang, daß
ich ihn zu angestrengt habe; wir waren sehr gemüthlich zusammen, wie 2 Kollegen, denn er hat fleißig gezeichnet, natürlich... habe ich, so gut ich es verstand, für sein leibliches Wohl
gesorgt;... auch ist die Zeit nicht verloren, denn ich habe ihn
recht studieren können."[23]

1884 wechselte Ardenne von Benrath nach Düsseldorf. In
der für den Enkel bestimmten Fassung ihrer Erinnerungen erwähnt Else das ebenso kurz wie die dritte Versetzung Armands
nach Berlin „als Adjutant des Kriegsministers Bronsart [von
Schellendorf]."[24] In der Niederschrift von 1931 berichtet die
Autorin etwas ausführlicher über die letzte Zeit in „der schönen Gartenstadt Düßeldorf..., [wo die Ardennes] in ein hüb-
sches Häuschen, in der Kavalleriestraße, der Kaserne gegenüber [zogen]." Die dann folgenden Einzelheiten sind sämtlich
für Hartwich und Else wichtig geworden. Zunächst freut sie

sich darüber, „endlich auf ein Pferd [zu kommen], das ich seit Zerben oft bitter vermißt."[25] Als Hartwich davon hörte, gab er seiner Freude darüber Ausdruck: „Möge es [das Pferd] Ihnen zu Freude und Segen gereichen!"[26] Aber er versagte sich auf seinen lange gehegten Wunsch nach einem gemeinsamen Ausritt zurückzukommen. Genauso wichtig war für beide „das letzte Kaisermanöver unseres herrlichen alten Kaiser Wilhelm den Ersten.

. . . [Armand] war Fremden-, d. h. Prinzenführer u[nd] aller fremden Offiziere u[nd] war dadurch ausgezeichnet u[nd] sehr beschäftigt, was Henoumont auch gleich zu einem Gedicht reizte, die Waschleine mit allen fremden Orden u[nd] die roten Generalstabsstreifen, die er schon auftauchen sah.

Natürlich erlebten wir auch das große Fest, das die Stadt Düßeldorf im Ständehaus unserem allgeliebten alten Kaiser gab. Ich war auf einem der 6 von Künstlern bis in's Kleinste ausgeführten lebenden Bildern. So erlebte ich alles von Anfang bis zum Ende. Schon damals fürchtete man ein Attentat, so war ich mehr wie erstaunt, wie ich am Eingang des Portals meine eingewickelten Rosen zeigen u[nd] untersuchen laßen mußte. So erging [es] Jedem bis auf den Küchenjungen herunter mit seinem Eiseimer. Gott Lob paßirte nichts, statt deßen konnte ich mich in ganzer Nähe der Größe und Güte unseres ehrwürdigen Landesherren freuen. Seiner Palladine die ihn umgaben der hoch aufgerichtete Recke Bismarck, der stattliche Roon u[nd] der leicht vornüber geneigte immer vornehm wirkende Moltke mit seinem überaus edel u[nd] feinen klugen Kopf in seiner immer gleichen Gelaßenheit u[nd] Zurückhaltung. Als schönste kraftvoll. . . [?] Männlichkeit u[nd] ideale Herrschergestalt ersteht aber doch der Kronprinz Friedrich. In dem Moment wie er die Freitreppe elastisch ersteigend, einen Moment zaudernd, wie in staunender Bewunderung in seiner weißen Garde du Corps-Uniform, das schönste Germanenbild bot – noch in seiner ganzen Manneskraft u[nd] Schöne. Jeder hätte auch den leisesten Zweifel an das zukünftige Schreckensbild dieses Dulders lachend oder voll Empörung fort geblasen.

119

Henoumont hatte recht gesehen; bald nach dem Kaisermanöver u[nd] seinen festlichen Tagen winkten die roten Streifen,
mein Mann wurde... nach Berlin commandirt. So nahmen wir
ungern Abschied von dem uns lieb u[nd] vertraut gewordenen
rheinischen lustigen Leben...«[27]

Armand von Ardenne, Mitte dreißig, ist dabei, die entscheidende Station seiner Karriere zu erreichen. Die Gelegenheit,
beachtet zu werden und auf sich aufmerksam zu machen, kann
nicht günstiger sein. Else genießt das Treiben in Düsseldorf,
beobachtet die Prominenz aus der Hauptstadt. Noch als alte
Frau – das Kaiserreich ist längst Republik geworden –
schwärmt sie von Kaiser und Kronprinz, von Bismarck, Moltke
und Roon. Else hat keine Funktion bei der Revue der Zelebri-
täten. Aber daß die Spitzen von Armee und Politik herrlich,
aufrecht, stattlich, klug und edel sind, vergißt Else nie. Keiner
der hohen Herren richtet das Wort an sie. Wie vor Jahren, als
sie bewundernd über die Siegesallee spazierte, ist Else auch
jetzt eine Figur an der Peripherie. Doch diese Peripherie ist
nicht mehr ganz so weit vom Zentrum entfernt wie damals im
Tiergarten. Und: – dieses Zentrum ist ein wirklicher und tat-
sächlicher Mittelpunkt, nicht irgendeine flatterhaft-vornehme
Welt. Auf der für kurze Zeit in Düsseldorf aufgeschlagenen
Bühne agieren die Protagonisten des Reiches. Else bleibt im
Hintergrund, eine Zuschauerin im Parkett, die sich an Effekten
berauscht. Nur einmal verläßt sie für kurze Zeit ihren Platz und
hat ihren Auftritt.

Zwei Photos sind erhalten, die Else von Ardenne und Emil
Hartwich bei der Darstellung eines lebenden Bildes zeigen:
Else, in ein bis auf den Boden reichendes Kostüm gekleidet, in
den gefalteten Händen ein Täschchen haltend, den Kopf mit
einem bis zur Taille herabfallenden Zopf nach rechts gewen-
det, blickt einen Kavalier an. Dessen Kopf ist mit einer lang-
haarigen Perücke bedeckt; er trägt eine Uniformjacke, darüber
eine breite Schärpe, an der ein Degen hängt, und enge, in weißen Rüschen auslaufende Kniehosen, dazu dunkle Strümpfe
und Schnallenschuhe mit hohen Absätzen; in der rechten, her-

abhängenden Hand hält er einen zusammengefalteten Kopf-
schmuck mit Federn und in der linken, auf die sein Blick gerichtet ist, eine Blume, die er der Angebeteten darreicht, – eine Rose
vielleicht.

Ob die Aufnahmen im Ständehaus während des Kaiserbe-
suchs oder bei einer Karnevalsveranstaltung entstanden sind, ist
unerheblich. Auf die dargestellte Szene kommt es an, auf die
Posen der beiden Akteure. Armand von Ardenne, der Mann mit
den „antitheatralischen Neigungen" (Spielhagen), hat den Auftritt seiner Frau nicht verhindert oder nicht verhindern können.

∗

Fontane transponiert das Geschehen in eine Laienaufführung:

„Nach einem Crampasschen Plane nämlich sollte noch vor
Weihnachten »Ein Schritt vom Wege« aufgeführt werden...
Gieshübler [nahm] die Gelegenheit wahr, mit Effi, die die
Rolle der Ella spielen sollte, darüber zu sprechen.

Effi war wie elektrisiert;... [Sie] war nicht für Aufgewärmt-
heiten; Frisches war es, wonach sie sich sehnte, Wechsel der
Dinge. Aber als ob eine innere Stimme ihr zugerufen hätte:
»Sieh dich vor!« so fragte sie doch, inmitten ihrer freudigen
Erregung: »Ist es der Major, der den Plan aufgebracht hat?«

»Ja. Sie wissen, gnädigste Frau, daß er einstimmig in das
Vergnügungskomitee gewählt wurde. Wir dürfen uns endlich
einen hübschen Winter in der Ressource versprechen. Er ist ja
wie geschaffen dazu.«

»Und wird er auch mitspielen?«

»Nein, das hat er abgelehnt. Ich muß sagen, leider.... Er hat
nur die Regie übernommen.«

»Desto schlimmer.«

»Desto schlimmer? wiederholte Gieshübler.

»Oh, Sie dürfen das nicht so feierlich nehmen; das ist nur so
eine Redensart, die eigentlich das Gegenteil bedeutet. Auf der
anderen Seite freilich, der Major hat so was Gewaltsames, er
nimmt einem die Dinge gern über den Kopf fort. Und man muß
dann spielen, wie er will, und nicht, wie man selber will.«

*23/24 Emil Hartwich und Else von Ardenne bei einem
„lebenden Bild".*

Sie sprach noch so weiter und verwickelte sich immer mehr in Widersprüche.

Der »Schritt vom Wege« kam wirklich zustande, ... und es ging vorzüglich; die Mitspielenden, vor allem Effi, ernteten reichen Beifall. Crampas hatte sich wirklich mit der Regie begnügt, und so streng er gegen alle anderen war, so wenig hatte er auf den Proben in Effis Spiel hineingeredet. Entweder waren ihm von Seiten Gieshüblers Mitteilungen über das mit Effi gehabte Gespräch gemacht worden, oder er hatte es auch aus sich selber bemerkt, daß Effi beflissen war, sich von ihm zurückzuziehen. Und er war klug und Frauenkenner genug, um dem natürlichen Entwicklungsgang, den er nach seinen Erfahrungen nur zu gut kannte, nicht zu stören."[28]

*

Weniger diplomatisch als der Kessiner Landwehrbezirkskommandeur ging der Düsseldorfer Amtsrichter vor. Er begnügte sich nicht damit, hinter den Kulissen zu agieren, als Regisseur die Fäden zu ziehen. Hartwich riskierte den Auftritt, war Darsteller und darzustellende Figur in einer Person. Mochte er ins Gerede kommen, Gesprächsstoff abgeben, – er wollte ans Ziel kommen. Und Else tat mit.

Zudem hatte sie jetzt ein Pferd. Offenbar drang er darauf, mit ihr ausreiten zu können. Man verabredete sich. Und irgendwann und irgendwo unterwegs war ein Photograph zur Stelle. Hartwich hatte ihn bestellt und ließ das Bild von ihr aufnehmen „nach dem ersten u[nd] letzten Ritt, den er mit mir in Benrath gemacht...", schreibt Else 1944. Und dann den Nachsatz: „... als einer der Höhepunkte *seines* Lebens."[29]

Macht sich Else über Hartwich lustig? Wertet sie ihn ab? Über zwei Jahre nach dem Ausritt wird sie ein paar andere Sätze aufschreiben. Sätze, die erst nach ihrem Tod gefunden werden.

25 Else von Ardenne, kurz vor dem endgültigen Abschied von Hartwich und Düsseldorf.

12
„Zur Förderung seiner Ziele"

Als die Ardennes noch in Düsseldorf wohnten und Hartwich
das Portrait Egmonts malte, schrieb er in dem bereits zitierten
Brief, daß ihm der Junge während der Sitzung „ein gar lieber
Trost in meiner Einsamkeit" gewesen sei.[1] Damit wird ein Ton
angeschlagen, der von nun an die Stimmung des Zurückgeblie-
benen kennzeichnet. Eine Stimmung, die in die Nähe der Me-
lancholie gerät und verständlich macht, was Schmidt – wohl
etwas zu drastisch – beginnende Geisteszerrüttung nennt.

Im November rafft sich Hartwich angeblich auf Anregung
seiner Frau dazu auf, ausführlich nach Berlin zu schreiben. Neben allerlei Klatsch und Tratsch aus dem Düsseldorfer Gesell-
schafts- und Vereinsleben klagt Hartwich darüber, „daß unsere
Korrespondenz, die ohnehin schon ein schwacher Ersatz des
gewöhnlichen Gespräches ist, nur eine einseitige sein wird."[2]
Hartwich ist sich darüber im klaren, daß Else, besonders nach
den Umzugsstrapazen der letzten Wochen, wenig Zeit hat,
ihrerseits Briefe zu schreiben. Aber das ist nach Hartwichs
Vorstellungen nur ein Grund. Den anderen deutet er mit der
Bemerkung an: „Daß Sie... jetzt nach dem verflossenen Düsseldorf zurückdenken, hat uns ein anonymes Telegramm gezeigt, als dessen Urheberin man Sie vermuthet."[3] Briefe von
Hartwich zu empfangen, – möglichst nicht zu oft, wie sich denken läßt –, das mochte für die Frau eines Generalstabsoffiziers,
den Rittmeister à la Suite Armand von Ardenne, angehen.
Aber sich hinsetzen und schreiben, und, wer weiß, beobachtet
werden und Auskunft darüber geben müssen, was sie geschrieben hat und wem... Da war es unverfänglicher im Vorbei-

26 „Keine Künstlergesellschaft der Welt besitzt ein so göttliches
Quartier wie diese gastliche Stätte", schrieb 1929 die Vossische
Zeitung über den Malkasten.

gehen ein Postamt zu betreten, ein Telegramm aufzugeben
ohne Unterschrift und Absenderangabe.

Hartwich stellt sich vor, wie Else ihr „liebes Berlin in vollen
Zügen" genießt, – ein Trost für ihn, aber ein schwacher. Denn
„meine Stimmung war nicht dazu angethan, andere Menschen
zu erheitern, was ich ja bei Ihnen, die Sie mir noch in dem recht
besserungs- d. h. erholungsbedürftigen Abschiedszustand vor-
schweben, ganz gerne möchte." Diese Zeilen legen die Vermutung nahe, daß Hartwich seinen Abschiedsschmerz auf Else
übertragen, ihn ihr einreden und auf sich aufmerksam machen
wollte. Damit das gelang, schickte er einige Photos von Düsseldorfer Künstlern mit. Er lege die Bilder Else „zu Füßen",
schreibt er, „betrachten Sie diese Blätter nicht als Geschenk,
sondern als Erinnerung an eine entschwundene Zeit."[4]

So sehr sich Hartwich der Tatsache bewußt gewesen sein
muß, daß »Düsseldorf« der Vergangenheit angehörte, so sehr
wehrte er sich dagegen. Das Vergangene konnte er nicht aufgeben. Er wollte es zurückholen. Wie aussichtslos das unter den

127

gegebenen Umständen war, wußte er. Seine Empfindungen freilich standen dem übermächtig entgegen. So suchte er einen Weg, auf dem er die Wirklichkeit korrigieren konnte und knüpfte da an, wo er einige Monate zuvor aufgehört hatte. Scheinbar lustig und übermütig erzählt er von Musikern, denen er zugehört hat: „es sind viele Dilettanten [darunter], von denen der Hornbläser gestern so falsch blies, daß ein Stück Stuck aus der Decke fiel. Ich sehe daraus wieder, daß der Dilettantismus eines der größten Uebel ist."[5] Übergangslos bezieht er das auf sich: ich „nehme mir die Lehre daraus, daß ich meine Malerei entweder liegen lassen muß oder erst recht betreiben. Da sie aber, abgesehen von meinen Bengels, meine einzige Freude ist, will ich das Letztere versuchen. Eine abermalige Abschrekkung in meinem edlen Streben ist leider das niederschmetternde Gefühl, daß ich Ihr Portrait nicht fertig kriegen werde. Ich wollte Sie stehend malen, da die sitzende Photographie zu einem Oelbild nicht paßt. Nun fehlt es mir aber an den nöthigsten Hülfs- und Ersatzmitteln, wenn man die Natur nicht vor sich hat. Für die Figur eine Photographie und für das Gesicht eine vernünftige Oelfarbenskizze. Man kann sich allerdings auf die Art helfen, daß man einer ähnlichen Figur das Kleid der betreffenden Dame anzieht, und für den Teint einen ähnlichen unter den Schönen des Landes aussucht; das Alles ist aber eben so umständlich wie zweifelhaft; deshalb will ich lieber warten, bis ein gutes Schicksal mich mal wieder in Ihre Nähe führt und mir zum Trost sagen: Aufgeschoben ist nicht aufgehoben."[6]

Weitaus harmloser als bei der Bitte um eine Locke, doch nicht weniger deutlich tritt hier die Bedeutung des Portraits in Erscheinung. Angesichts der Entfernung Düsseldorf-Berlin nimmt es in stärkerem Maß als früher die Stelle der abzubildenden Person ein. Diese Funktion dokumentiert sich nicht allein in dem Bild selbst. Es muß erst zustande kommen, möglichst gut und nach den eigenen Vorstellungen gelingen. Das bereitet Hartwich Schwierigkeiten. Er erkennt seinen Dilettantismus, vor dem er jedoch nicht kapituliert. Wäre er nur um das Bild besorgt gewesen, hätte er vermutlich keine Schwierigkeiten gehabt, von seinem Vorhaben abzulassen. Es geht aber für Hartwich um das besondere Sujet, um *sein* Thema, auf das der Maler seine ganze Kraft konzentriert. Damit tritt nicht so sehr das Bild, sondern die Arbeit an dem Bild an die Stelle des Originals. Muß Hartwich schon auf die physische Anwesenheit Elses verzichten, so will er ihr wenigstens dadurch nahe sein, daß er ihr mit Pinsel und Farben gerecht zu werden versucht. Dabei ist ihm ebenso das Photo als Hilfsmittel für die Figur suspekt wie vor allem auch die Möglichkeit, zwei Darstellerinnen für Else zu engagieren: eine für den Teint, eine andere, um sie dem Original entsprechend zu (ver)kleiden. Das wäre in Hartwichs Augen nicht nur zu umständlich, es wäre zweifelhaft, schreibt er. Gemeint hat er: frevelhaft. Zwischen ihn und Else soll niemand treten, darf sich keiner einmischen.

Daß es um den Maler Hartwich, obwohl er Autodidakt war, nicht gar so schlecht bestellt war, wie er meint, zeigt die Episode mit dem Bild von seinen Schwiegereltern: „Es ist so frappant, daß Hero sich neulich erschreckte, als sie es plötzlich im Spiegel sah. Der brave Blonde[7] fiel zu unserem größten Gaudium darauf herein, zu glauben, der alte Jung säß' wirklich da: Er sah ihn Abends im Spiegel und frug zweimal, während er sich überall umguckte: »Wo sitzt er denn wirklich?« Als ich ihm sagt, »Es ist nur ein Bild«, fuhr er zusammen und sagte, »Ich habe 'nen Mordsschreck gekriegt.« Selbstredend wirkt es im Spiegel täuschender. Ich wollte, ich hätte mehr Zeit; dann würde ich Tag und Nacht malen…"[8] Mag sich Hartwich mit dem lustigen Zwischenfall abzulenken versuchen von dem, was ihn tatsächlich bewegt, sehr schnell hat ihn die Realität wieder eingeholt. Im gleichen Brief umschreibt er seinen Zustand mit den Worten, von dem Augenblick an, als die Ardennes aus der Cavalleriestraße ausgezogen seien, habe diese Straße für ihn „aufgehört, zu Düsseldorf zu gehören." Ein paar Wochen später wandelt Hartwich in seinem Weihnachtsbrief die Straßenmetapher dahingehend ab, „daß, wenn meine Gedanken die Leopoldstraße [wo er wohnte] verlassen, dieselben zur Kurfürstenstraße eilen."

Naturgemäß kommt Hartwich gerade kurz vor den Feiertagen wieder auf seine Malerei zu sprechen. Diesmal geht es nicht um das Portrait. Er hatte sich vorgenommen, eine Detailansicht von Bad Godesberg zu malen. Aber auch diesen Versuch mußte er aufgeben; einmal weil er sehr viel anderes zu tun hatte, zum anderen, weil er sich „so in seine Kunst [in Elses Portrait] versenkt" hatte. Und weiter: „Unser Leben verstreicht im gleichförmigsten Einerlei; ein zahmes Kaninchen kann kein bescheideneres Leben führen. Deshalb kann ich Ihnen garnichts mittheilen, nur daß Henoumont für die Bescherung in der Uel ein herrliches Gedicht gemacht hat, das im Anzeiger gedruckt wird; ich sende es Ihnen; es ist wirklich prächtig und wird auch gewiß dem guten Armand gefallen; wie schade, daß er nicht in der Uel war; er fehlt mir sehr. Seit er fort ist, hat auch die Uel keinen Reiz mehr für mich..."[9]

Im Mittelpunkt dieses Buch steht Else von Ardenne, nicht Emil Hartwich. Aber er gehört dazu wie Armand von Ardenne. Zu dritt bilden sie eine Einheit. Dachte Ardenne darüber nach? Wurde er mißtrauisch? Erst später wird er sich dazu äußern. Wird empört sein, sich aufregen, wenn nichts mehr zu ändern ist. Hat wenigstens Else aufgezeichnet, wie das war damals in Berlin, als ihr Mann die begehrten roten Streifen trug?

„[Wir] bezogen die Kurfürstenstraße 108. Wieder wurde der Zoo unser bester Freund, die beste Kinderstube unserer Kinder. Gartenportier, die Thierwächter Alle kannten sie uns persönlich u[nd] strahlten ihre pflichttreuen Wachposten auch über sie aus. Sie tummelten u[nd] tobten mit ihren Freunden, alle freien Stunden, besonders in dem noch nicht für die Thiere mit eingezogenen großen wilden Teil, am See herum. Sogar die ländlich schöne Heuernte lernten sie da u[nd] durften sich helfend beteiligen. Wer ahnt jetzt noch etwas im Zoo von der damaligen goldenen Kinderfreiheit, Seligkeit?"[10]
    Als gäbe es nicht mehr zu erzählen, als daß die Kinder den Zoo genossen hätten! Else von Ardenne beweist zum wieder-

holten Mal ihre Verschwiegenheit; welche Scheu sie davor hat, ihre Gefühle preiszugeben. Dabei hat sie gerade in der Zeit, als sie mit ihrem Mann und den Kindern wieder in Berlin wohnte, mit Hartwich korrespondiert. Selbst an Hero hat sie geschrieben. Wie oft solche Briefe nach Düsseldorf kamen, läßt sich nicht mehr nachweisen. Es gibt nur einige Hinweise. Einmal schreibt Hartwich: „Verwahren Sie mir übrigens [fehlen einige Worte im Original]; ich will auch Ihre stets lieben Zeilen fortlegen. Sie werden uns später gewiß freudig an die unbestreitbar reizenden Tage erinnern, die wir in unserem schönen Kreise verlebten. Ich glaube, daß nur wenige Menschen dieses reine und schöne Glück genießen."[11] Der zweite Hinweis ist in einem anderen Brief Hartwichs enthalten: „Soeben erhält Hero einen Brief von Ihnen, aus dem sie mir... vorgelesen hat."[12] Schließlich heißt es in dem von Justizrat Teichert, Ardennes Anwalt, verfaßten Scheidungsantrag: „...auch entging es ihm [Ardenne] nicht, daß... [seine Frau] Briefe die sie heimlich erhielt, mit großer Vorsicht sortirte und selbst lebhaft correspondirte."[13] Während Hartwichs Briefe fast alle erhalten sind, müssen die von Else als verloren gelten. So bleibt ungeklärt, wie sie auf Hartwichs Stimmungen einging; ob es eine Art Geheimsprache zwischen den Briefpartnern gab und welcher Verhüllungsstrategie sich Else bediente, um die Andeutungen Hartwichs zu beantworten. Eins allerdings steht fest: Else von Ardenne wird auf der *Sie*-Anrede bestanden haben. Abgesehen davon, daß das schnelle Du nicht zum allgemein anerkannten Umgang gehörte, mußten Else von Ardenne und Hartwich äußerste Vorsicht walten lassen. Niemand konnte dafür garantieren, daß die Briefe nicht in falsche Hände fielen. Wie sich die Partner anredeten, wenn sie allein waren, ist eine andere Frage. „Gnädigste und liebe Frau Else", „Gnädigste Frau", „Hochverehrteste" – und: „Ihr ergebenster Diener und treuer Freund Hartwich", „Ihr treuer Hartwich", „Immer Ihr ergebener Hartwich" – dabei ist es geblieben, ein vorzügliches Mittel, sich zu tarnen. Was zwischen Anrede und Schlußfloskel stand, darauf kam es an.

Nach einem kurzen Besuch in Berlin, den Hartwich zu einem Treffen mit Else von Ardenne genutzt hatte, fuhr er mit seiner Frau in die Ferien. Das erste, was er tat: einen Brief an Else schreiben als „Ausdruck des Gefühls und der Dankbarkeit für die schönen Tage, die ich in meiner lieben Residenz verleben durfte." Daß diese Tage nicht ganz so verlaufen waren, wie er sich das vorgestellt hatte, lag an dem „schlechteste[n] Abschluß". Kein Wort darüber, was dahinter steckt. Dafür um so deutlicher die Sätze: „Wir sind auf dem schönen Standpunkt angekommen, daß wir uns beiden stets das Beste gönnen, ohne immer den andern in seinem Thun und Treiben zu beschränken. Wir Deutschen sind meistens zu spießbürgerlich und zu kleinlich. Hero steht ganz auf meinem Standpunkt..."[14] Der in seiner Broschüre so patriotisch und militaristisch argumentierende, ja auftrumpfende Emil Hartwich mißt sich mit zweierlei Maß. Wenn's um die Liebe geht, – das Sein bestimmt das Bewußtsein des Menschen – denunziert er das »Deutsche« in sich und tut es als spießbürgerlich ab. Hero, zur gleichen Zeit mit ihrem Mann am Tisch sitzend, schreibt ihrerseits Briefe, „in die weite Welt!"

Im Januar 1885 wird Hartwich nachdenklich. Er dankt für das Weihnachtsgeschenk, das Else ihm geschickt hat und das jetzt eine „Lücke auf [s]einem Schreibtisch ausfüllt." Wenn er sich zur Arbeit hinsetzt, fühlt er sich Else verbunden, zumal das Geschenk nicht von jemandem anderen gefertigt ist: „Zum ersten Mal in meinem Leben habe ich das stille Glück gefühlt, daß Jemand mir in weiter Ferne durch seiner Hände Werk mir eine Freude zu bringen sucht. Das haben Sie gewiß geahnt, sonst hätten Sie nicht das für eine Damenhand gewiß schwierige Unternehmen gewagt..." Was auf dem Schreibtisch Platz fand, bleibt unerwähnt. Wichtig ist, daß der Gegenstand von Elses Hand stammt. Hartwich seinerseits entschuldigt sich dafür, daß er so spät, am 6. Januar erst, antwortet. Auch er wollte ein Geschenk nach Berlin schicken, traute sich aber nicht, mußte erst durch „einige Menschen von Geschmack" ermuntert werden und sendet nun sein Präsent – ein Bild, eine Moorlandschaft. Denn er weiß, daß „Sie durch meine Erzählungen für dieses Moor ein großes Interesse haben." Bei diesem Landschaftsstück geht es nicht darum, ob der Maler eine künstlerisch akzeptable Leistung vorweisen kann. Hartwich interpretiert seinen Versuch denn auch auf seine Weise: „von weitem betrachtet, fühle ich mich wieder an einem traurigen Regentage auf jenen vielen Stücken Erde froh, das durch seine Einsamkeit einen unbeschreiblichen Zauber ausübt; der Boden schwindet Einem unter den Füßen und manchmal glaubt man, das ganze Land würde mit Baum und Strauch versinken.... Wenn meine Stimmung mal besser ist, male ich Ihnen mal was Freundliches; einstweilen will ich fleißig sein."

Kommt Hartwichs seelische Verfassung hier schon einigermaßen klar zum Ausdruck, so wird sie erst recht deutlich, wenn er begründet, warum er seinen Brief gerade am 6. Januar schreibt: „Heute vor 6 Jahren war jener denkwürdige Malkasten-Abend, den das Schicksal ausersehen hatte, die Familie v. Ardenne mit Hero und mir zusammenzuführen." Dieser Satz, zum zweiten Mal – und jetzt im ursprünglichen Zusammenhang – zitiert, kommt erst hier zu voller Bedeutung: Hartwich erinnert sich nicht nur an die vergangene Zeit, sondern trauert ihr nach. Seine Welt gerät aus den Fugen: „...die Menschheit kommt mir vor wie die Scherben in einem Kaleidoskop; jede Drehung der Erde läßt das alte Bild zusammenfallen und erzeugt ein neues, das kaum zu erkennen ist und mit dem alten nur die bunten Scherben gemein hat: »Zerstreuet ist die Tafelrunde«..."[15]

Drei Monate später, am 3. März schreibt Hartwich seinen ausführlichsten Brief nach Berlin, mit „böse[m] Gewissen", wie er, sich entschuldigend, hinzusetzt:

„[I]ch war einfach dem hiesigen Schwindel [gemeint ist der Karneval] aus dem Weg gegangen, um mich in Bruexelles und Antwerpen der immer holdlächelnden Kunst in die Arme zu werfen." Vorher hatte er eine Arbeit über die Geschichte des Portraits in Flandern und andere Schriften über Malerei gelesen. Die verschiedenen Lektüren werden erwähnt, um das lange Schweigen zu erklären, das, obwohl Hartwich nicht an dem noch unfertigen Bild Elses arbeitet, auf andere Weise mit Kunstbeschäftigung zu tun hat. Sie nimmt ihn ganz in Anspruch, doch nicht um ihrer selbst willen: „Da fesselte mich zunächst ein längerer Aufsatz über den einzigen van Dyk, den ich aufrichtig liebe und den ich gewiß kennen lernen würde, wenn er noch lebte. Als er mein Alter erreicht hatte, schloß er sein künstlerisches Leben! Und nunmehr würde ich mich keinen Augenblick besinnen, der Justiz valet zu sagen und seinen Spuren zu folgen, wenn meine Kinder nicht nach Brot schrien, . . . oft durchströmt es mich wie himmlische Glückseligkeit, wenn ich denke, ich könnte ganz meiner großen Neigung leben. In Bruexelles und Antwerpen konnte ich so recht still geniessen, denn die Galerien waren ganz leer. Alles amüsirte sich auf der Straße und in Lokalen. In Antwerpen war ich der Einzige, der den wunderlichen Einfall hatte, an Carneval Bilder zu besehen; die Wärter mit ihren umgehängten silbernen Kutten schliefen, und ich ging immer auf den Zehen, um sie nicht zu wecken; endlich setzte ich mich vor das Portrait von Rembrandt, welches seine Frau darstellt, und als ich es eine halbe Stunde betrachtet hatte und sich die Müdigkeit der letzten lange durchschwätzten Brüsseler Nächte meldete, . . . schlief [ich] ebenfalls mit dem Gedanken an die schöne Saskia ein."

Wichtiger als die kunsthistorische Anspielung auf Else von Ardenne – und in diesen Zusammenhang gut eingepaßt – läßt Hartwich zum ersten Mal durchblicken, er wolle seinen Beruf aufgeben, stünde dem nicht die Verpflichtung entgegen, für seine Kinder zu sorgen. Doch mit der Andeutung gab er sich im März 1885 nicht mehr zufrieden:

„Ihnen will ich nun ein Geheimniß anvertrauen, aber Sie dürfen wirklich nichts darüber sprechen; ich bin stark dabei, mir ein Jahr Urlaub zu nehmen; den ich zu ernsten Studien und zu Reisen verwenden will. Die Einbuße des Gehaltes werde ich zum Theil dadurch ersetzen, daß ich Aufträge zum Copieren wahrhaft schöner Sachen annehme, die in mein Feld schlagen.

Nichts ist lehrreicher und so verbinde ich das Nützliche mit dem Angenehmen. Ich habe im neuen Museum zu Antwerpen eine Copie nach einem Portrait von Velasquez gesehen, die ich ohne Übertreibung heutigen Tages (doch nach großem und andauerndem Fleiß) mindestens eben so gut mache; und dennoch war diese Copie das einzig Interessante in dem ganzen neuen Museum. So schön sind die guten alten Sachen. Auf die Zeit in Madrid freue ich mich besonders, denn das ist die Fundgrube für den Bildnißmaler, sofern er für Velasquez schwärmt, und in vieler Beziehung thue ich das."

Um Bedenken finanzieller Art gar nicht erst aufkommen zu lassen, weist Hartwich darauf hin, er wolle, falls der Urlaub genehmigt werde, seine „vielen Freunde anspannen, mir Aufträge zum Copieren zu verschaffen; denn ich will als guter Familienvater nicht den Vorwurf auf mich laden, unnütz Geld ausgegeben zu haben."[16] Sowohl an dieser Stelle als auch kurz vorher wird Hero nicht erwähnt. Ihre Ehe mit Hartwich scheint auf einem Tiefpunkt angelangt zu sein. Doch Hartwich hielt die Zeit noch nicht für gekommen, jetzt schon auf seine Scheidung näher einzugehen. Zuerst mußte geklärt sein, ob ihm der Jahresurlaub bewilligt werden würde.

Die Argumente, die Hartwich für sich geltend gemacht hat, um von den Dienstgeschäften befreit zu werden, können nicht angeführt werden. Ein von ihm formuliertes und unterzeichnetes Gesuch fehlt.[17] So muß abermals die Darstellung von Franz Schellens eine Lücke füllen. Er stellt die Sache so dar, daß Hartwich „Selbstverständlich... später wenig Sinn mehr für die Arbeit [gehabt hat], die ihm sein Beruf aufgab; es wurde ihm schwer, sie neben der gewaltigen Arbeit, die er auf dem von ihm erkorenen Gebiete zu leisten hatte, zu erfüllen. An höchster Stelle hatte man aber Verständnis für seine außeramtliche, staatserhaltende Arbeit. Vom 1. Dezember 1886 ab bewilligte ihm der Minister ein Jahr Urlaub zur Förderung seiner Ziele."[18] Kettner ergänzt: „...trotz des entgegenstehenden Wunsches seines [Hartwichs] Landesgerichtspräsidenten."[19]

Was heißt: Zur Förderung seiner Ziele? Welche sind gemeint? Folgt man der Feststellung, an höchster Stelle habe man Verständnis für Hartwichs außeramtliche, staatserhaltende Arbeit gehabt, kann es nur darum gehen, daß der Amtsrichter eben diese Arbeit für seinen Wunsch geltend gemacht hat. Denn sie betrifft die Allgemeinheit, dient einem übergeordneten Interesse. Dem widerspricht aufs entschiedenste Hartwichs Plan, den er Else von Ardenne schilderte: das Urlaubsjahr für Reisen und Studien zu nutzen. Das ist sogar Schellens aufgefallen: „Nun war Hartwich der Erfüllung seines Zieles nahe. Ein Jahr künstlerischen Wirkens und des unbekümmerten »Sichauslebens« in seinen ihn so tief durchglühenden Gedanken stand ihm bevor."[20]

Obwohl der Biograph sonst in den leuchtensten Farben ein Idealbild von seinem Helden entwirft, kommt er hier der Realität etwas näher: mit dem »Sichausleben« mischt Schellens andere Farbtöne ins Bild. Man weiß nicht recht, was er mit ihnen andeuten will. Selbst die vieldeutigen Apostrophierungsstriche ergeben keine klareren Konturen. (Oder deutet Schellens hier an, was F. A. Schmidt beginnende Geisteszerrüttung nennt?)

Hartwich hat nicht im entferntesten daran gedacht, sich der Körperertüchtigung oder der Schulreform ein Jahr hindurch zu widmen. Auch sein Beruf war ihm gleichgültig geworden. Die Ehe hielt er nur der Kinder wegen aufrecht. Die Studien und Reisen, die ihm vorschwebten, könnte er sogar mit Else geplant haben: Zwei Aussteiger, die nichts als frei sein wollen. Die Lebensphäre, an die sie bisher gebunden waren, der sie sich verpflichtet fühlten, einfach hinter sich lassen. Etwas Neues anfangen. Das Leben von einer ganz anderen Seite her anpacken. Wie Stanley die Schreibfeder hinlegen, aufstehen und sich ins Unbekannte stürzen. Das noch nie Dagewesene, das Abenteuer wagen – Hartwich in seinem Element. Aber plötzlich, im gleichen Brief, in dem er unter dem Deckmantel der Verschwiegenheit seinen Plan entwickelte, beschleicht ihn eine Ahnung:

„Sie können sich denken", schreibt er an Else, „welcher schönen Zeit ich im Traume schon entgegen gehe; wenn das

27 Ausritt. Steinzeichnung von Max Liebermann.

Schicksal mir einen Streich spielt, worauf ich als rechter Philosoph immer gefaßt bin, dann habe ich doch wenigstens die Freude des Traumes gehabt.... Nun liebe Frau Else habe ich Sie wohl genug gequält... Ein Brief ist für ein Freundesherz eine Art Leid... Ihr treuer Hartwich"[21]

13
Die elfte Stunde

In der Zeit, die Hartwich noch zum Leben blieb, verhielt er sich, folgt man den erhaltenen Dokumenten, kaum anders als vorher. Die wenigen Briefe aus den letzten Monaten lassen zumindest nichts Auffälliges erkennen. Am Sylvestertag 1885 nimmt Hartwich besonderes Briefpapier, um zu zeigen, „daß mir ein Brief an meine verehrte alte Beschützerin ganz besonders heilig ist", übermittelt Wünsche zum neuen Jahr und legt ein Geschenk bei, „das kleine Notizbuch..., das ich schon fast ein Jahr hier habe; Sie hatten das alte verloren, der freundliche Frankfurter Händler hat dieses extra in Wien bestellt, d. h. die Fabrikanten gebeten, ein neues anzufertigen. Sie sehen, es giebt noch gute Menschen auf der Welt." Anfang Januar schildert Hartwich die Sylvesterfeier, gerät ins Plaudern, ist lustig, macht abschätzige Bemerkungen über seine Frau, betont sein zurückgezogenes Leben bei gleichzeitiger Beschäftigung mit der Kunst und bittet Else darum, „doch nicht [zu glauben], daß ich nicht tief und schmerzlich die Lücke empfände, die mir das Scheiden der Familie Ardenne gebracht hat".[1]

Erneut gibt Hartwich seinem Kummer über die Trennung von Else Ausdruck. Als besonders bedrohlich läßt die Briefstelle diesen Kummer allerdings nicht erscheinen. Hartwichs Bemerkungen darüber gehören seit dem Herbst 1884 zu seinem Repertoire, bilden das Grundmuster vieler Äußerungen, die, kaum variiert, oft wiederkehren. Und doch soll sich Hartwichs Zustand in dieser Zeit zugespitzt haben. F. A. Schmidt weist mit aller Deutlichkeit darauf hin, „dass dieser rege Geist in den letzten Monaten schon sichtlich der Nacht des Wahnsinns ent-

gegen ging"[2]. Falls das zutraf, hat Hartwich die Fähigkeit beses-
sen, sich in den Briefen an Else von Ardenne Disziplin aufzuer-
legen. Ihr gegenüber durfte er sich unter keinen Umständen
Blößen geben. Denn das hätte wahrscheinlich dazu geführt, daß
die verehrte und geliebte Frau sich von ihm abgewandt hätte. Da
das jedoch nicht geschehen ist und Hartwichs weiteres Vorgehen zwar von Leidenschaft geprägt, aber kaum krankhaft
zu nennen ist, können Schmidts Ausführungen wohl nur als
Beleg dafür gewertet werden, daß er Hartwichs Entscheidung
gegen die Ehe und für Else von Ardenne aufs schärfste mißbil-
ligte. Mit Rücksicht auf die Öffentlichkeit und in dem Bestre-
ben, wissenschaftlich klingende Erklärungen anzuführen, behauptete Schmidt, der *rege Geist* sei pathologisch gewesen. Ein
so entschieden von heftiger Liebe zu einer Frau bestimmtes
Verhalten wie das Hartwichs paßte schlecht in eine von Konventionen und Muckertum beherrschte Gesellschaft.

„Verehrteste und Gnädigste!

Da ich weiß, mit welcher aufrichtigen Freude Sie stets ihres
lieben Rheinstromes gedenken, so will ich Ihnen einen Gruß-
...aus [sic] seinen Fluthen senden und zwar gerade im Ange-
sichte des uns Allen so unvergeßlichen Benrathes. Da liegt es in
wehmüthiger Stille, seine dunklen Baumgruppen vom milden
Mondeslicht übergossen und träumt wie ich von vergangenen
Tagen! Ich sitze in der Kajüte der Guttenberg mit meinen beiden Ältesten und leere ein stilles Glas auf das Haus Ardenne,
zu dem ich nächst dem meinen am treuesten hänge. Wenn auch
vieles vergänglich ist, die Erinnerung an diese hellen schönen
Tage bleibt doch ewig , das wird mir gerade im Augenblick mal
wieder ganz klar; knüpfte sich mir nicht daran die Sehnsucht,
die zu den Menschen, die dieser Zeit den Inhalt gaben, mal
wieder zu sehen! – Nun will ich Ihnen aber auch sagen, was
mich... diesen an und für sich öden Theil des Rheins befahren
heißt. Die Veranlassung ist leider keine allzu freudige: der gute
Papa Jung ist jetzt doch... so altersschwach, daß er immer ein
Kind zur Gesellschaft um sich haben muß und da... meine
Schwägerin noch durch Gott weiß was für Dinge an die Resi-

139

denz gefesselt wird, so ist Hero schon seit 5 Wochen in Godesberg und ich seit eben so langer Zeit Strohwittwer und zwar *vollständiger*, da ich die beiden Ältesten in Pension gethan und ihr den Jüngsten als Trost mit gegeben habe. So bin ich denn wirklich ein absoluter Einsiedler und wahrscheinlich noch auf *Monate* hinaus, da meine Schwägerin außerhalb in die Bäder reisen muß. Nun der Hero und den Kindern bekommt die Sache vorzüglich und ich weiß mich ja schon zufrieden; ich fahre Samstag und Sonntag immer mit den Jungens herauf, und da habe ich heute ihrem Wunsche nachgegeben und bin mit dem Schiff hinab. Entschuldigen Sie deshalb das Papier und die schreckliche Schrift, aber der Kellner kann nichts anderes auftreiben. Die Jungens freuen sich schon „furchtbar" auf die Böllerschüsse, die wir bei Heerdt abgeben müssen zum Ausfahren der Schiffbrücke. O wäre man noch einmal jung und mit so wenig zu erfreuen. Da wir mit Blumen ganz bepackt sind, so darf ich Ihnen wohl als einzige Zierde dieses Briefes ein Paar Rosenblätter beifügen. Erkennen Sie darin die gute Absicht und den Wunsch Sie auf blumigen Pfaden wandeln und auf Rosen gebettet zu sehen! Grüßen Sie mir den lieben Armand... Und nun leben Sie wohl und gedenken Sie in alter Freundschaft des Schreibers dieser Zeilen. Auf der Guttenberg 1886 Sonntag 30./5 Immer Ihr ergebener Hartwich"[3]

Ausgelöst durch die Vorbeifahrt am Benrather Schloßpark, tauchen Erinnnerungen an vergangene Zeiten auf. Sentimentalität schleicht sich ein. Der Briefschreiber wäre sehr wohl in der Lage gewesen das, was ihn bewegte, klar und eindeutig zu formulieren. Er weiß aber: Vorsicht ist geboten. Der »liebe Armand« steht im Hintergrund. Hartwich will jedoch die Gelegenheit nutzen. Im geschriebenen Text wahrt er Distanz und Selbstbeherrschung, verzichtet aber gleichzeitig auf sie, indem er ein gängiges Symbol für den Ausdruck seiner Empfindungen mitschickt.

Der Brief vom 30. Mai 1886 weist außerdem auf den äußeren Gang der kommenden Ereignisse hin: Hartwichs Schwiegervater ist altersschwach, sein Tod kündigt sich an, eine Reise nach

Berlin rückt näher. Zuvor aber ist ein weiterer Brief an Else von Ardenne zu berücksichtigen. Hartwich schrieb ihn 1886. Das genaue Datum ist nicht mehr zu entziffern:

„Gnädigste!

Die traurigen Mittheilungen über Ihre mir leider nicht bekannte Frau Schwester haben mich sehr schmerzlich berührt. Es scheint, daß immer die Besten am meisten leiden müssen. Selbstredend bin ich jederzeit bereit Ihnen, ebenso ihr [der Schwester] mit meinem Rath zur Hülfe zu stehen; jedenfalls rathe ich der armen Frau schon jetzt, *kurz entschlossen* zu sein und ihre und der Kinder Rechte zu wahren. Ich werde . . . sehen was allenfalls zu machen ist. Diesen Brief schreibe ich *selbstredend nur für Sie*. Man könnte mich ja für eindringlich halten; aber ich weiß ja, daß Ihnen meine Theilnahme Freude macht. Natürlich schreibe ich per „*Einschreiben*" weil Familien-Interessen immer sicher gehen müssen. Damit Sie in der traurigen Verfassung, die immer das Bild zerrissener Familien erzeugt, auch etwas Heiteres sehen, schicke ich Ihnen eine . . . Photographie von Aug. von Kaulbach, die ich Ihnen verehre. . . . Ich bin eilig und bitte meine schlechte Schrift gnädigst zu entschuldigen. Also schreiben Sie mir so oft Sie wollen. Ich bin immer »zu Hause«. Df. 29 / . . . [?] 86 Ihr ergebenster Hartwich"[4]

Dieser Brief wurde als Einschreiben abgesandt mit der ausdrücklichen Begründung, es handele sich um Familieninteressen, die sicher dem Adressaten zugestellt werden müßten. Else von Ardenne hatte Hartwich offensichtlich von diesen Familieninteressen unterrichtet und Rat erbeten. Es ging um die Eheprobleme einer Schwester Elses. Daß Hartwich dazu befragt wurde, ist nicht erstaunlich. Als Jurist konnte er am besten sachkundige Hinweise geben. Und er gab sie: die arme Frau solle schnell handeln, ihre Rechte und die der Kinder wahren, was darauf hinausläuft, sie müsse darauf dringen, das Sorgerecht für die Kinder zugesprochen zu bekommen.

Diese allgemeinen Formulierungen könnten sich auf die Situation beziehen, in denen sich Else von Ardenne befand. Dem widerspricht aber der Hinweis auf eine Schwester Elses. Sie

141

hatte drei Schwestern: Marga war ledig, Getrude von Witzleben sowie Luise von Gersdorff waren verheiratet und sind nicht geschieden worden. Das geht aus den Angaben der entsprechenden Bände der Genealogischen Handbücher des Adels hervor. Eine mündliche Mitteilung aus der Familie von Plotho geht sogar noch weiter: Elses Schwestern Getrude und Luise hätten sich noch nicht einmal mit Scheidungsabsichten getragen.[5] Demnach muß Hartwichs Brief als Tarnmanöver gewertet werden. Um die für eine Scheidung notwendigen Vorbereitungen zu treffen, riet er Else, was zu geschehen habe. Ähnliches geht auch aus dem Scheidungsantrag hervor: Else von Ardenne und Hartwich haben „die Scheidung von ihren beiderseitigen Ehegatten und Verheirathung mit einander geplant.... Zur baldmöglichsten Erreichung dieses Zieles hatte Amtsrichter Hartwich Rath und Anleitung gegeben."

„...jedenfalls rathe ich der armen Frau..., kurz entschlossen zu sein": Hartwich war ungeduldig geworden und wollte, je eher desto besser, reinen Tisch machen. Das aber ließ sich am ehesten in einem persönlichen Gespräch erreichen. Einige Tage vor dem 26. August, Ardennes Geburtstag, kam Hartwich nach Berlin „und hatte während seines Aufenthaltes hierselbst die Gelegenheit wahrgenommen, mit der Ehefrau allein zu sein." Bei diesem Treffen dürfte die Entscheidung gefallen sein. Aus der Perspektive Ardennes, der kurz darauf ins Manöver zog, stellte sich die Lage nach seiner Rückkehr so dar, daß er „eine sichtbare Wandlung"[6] an seiner Frau feststellen mußte. Doch Ardenne hielt still, wollte nichts übereilen. Die Sache war zu heikel, als daß unbewiesene Behauptungen in die Welt gesetzt werden durften. Die Zeit arbeitete jetzt für ihn. Die Zeit: – das hieß für Hartwich, er mußte wiederum einen Grund finden, um in die Hauptstadt reisen zu können. Ein Zufall kam ihm zu Hilfe.

Am 7. Oktober 1886 starb sein Schwiegervater Georg Jung in Berlin, und Hartwich kam zur Beerdigung, nicht ohne Else vorher davon in Kenntnis zu setzen. „Selbstredend habe ich die ersten Tage keine Zeit und Lust Besuche zu machen", schreibt

142

er, „und will ganz still meinen Gedanken p.p. leben." Doch nicht nur seinen Gedanken. Hartwich hofft, daß Else in Berlin und nicht „in dem öden Leipzig" ist. Wenn eben möglich, werde er nicht bei seiner Familie wohnen. „Am Tage nach der Beerdigung, die ich mir Montag oder Dienstag vorstelle, komme ich zu Ihnen. Ich glaube übrigens, Sie thun Armand einen Gefallen, wenn Sie ihm nichts von diesem Briefe und seinem traurigen Inhalte sagen; er könnte sonst daran denken, mit bei dem Begräbnis zu sein; ich finde aber, daß er bessere Dinge zu thun hat, als hinter dem Todtenwagen eines ihm an und für sich sehr fernstehenden Mannes her zu laufen; so denkt auch die stets vernünftige Hero. Daß ich meine Freunde in Berlin und vor allem Sie, verehrte Frau Else, so unerwartet bald wiedersehe, versüßt mir meine Reise... Hoffentlich treffe ich schon mit diesem Brief in Berlin ein! Denn wenn schon, denn schon. Ein langes Sichhinschleppen ist mir ein fürchterlicher Gedanke."[7]

Auch hier wieder Mehrdeutigkeiten: Die beiden letzten Sätze sind auf den unmittelbar bevorstehenden Tod Georg Jungs gemünzt, lassen sich aber zugleich auf den Scheidungsplan beziehen. Und der Einleitungssatz – „Ich höre die »11te Stunde« schlagen, die vielen neues Leben, vielen aber auch den Tod bedeutet"[8] – könnte sogar als Todesahnung gedeutet werden. Dem widersprechen allerdings die Notizen, in denen Else von Ardenne die Berliner Tage mit Hartwich festgehalten hat. Daß darin von der *letzten Stunde*, von der *schwersten letzten Abschiedsstunde* und von der *letzten* Umarmung die Rede ist, weist nur darauf hin, daß die kurzen Niederschriften nach Hartwichs Tod entstanden sind.

„d. 17. Oktober Wiedersehen. Den Abend bringt er [Hartwich] mich noch bis zu Müllers, wo ich den Abend mit ihm verlebe...

d. 18.... Gegen Abend gehen A[rmand] und ich zu..., wo außer Hartwich......; von dort gehen wir zu...

d. 21ten kommt H zum Caffee zu mir... wir [lesen?] die Sapphosche Ode, die er mir geschenkt. Schöne harmonische Stun-

28 Brief von Emil Hartwich an Else von Ardenne: „Natürlich
schreibe ich per ‚Einschreiben‘, weil Familien-Interessen immer
sicher gehen müssen“.

144

145

29 *Über die letzte mit Hartwich in Berlin verbrachte Woche
machte Else diese handschriftlichen Notizen.*

den, in denen wir glaubten, es wäre die anbrechende Morgen-
röthe – nicht die letzte Stunde in meinem Haus! Zusammen
gehen wir abends glücklich wie die Kinder zu Müllers. A[r-
mand] ist schon da, zu unserem Amüsement... Mit... fahren
wir noch ins Löwenbräu... Auf der Straße Abschied.

d. 22sten schlägt auch unsere... und doch nicht geahnte
schwerste letzte Abschiedsstunde! H bringt mich bis in die
[Wichmann?]straße. Trotz Abschied fahre ich [mit?] List
noch einmal zu ihm; er bringt mich wieder zurück, springt in
der Burgstraße noch einmal halb betäubt aus dem Wagen,
zieht mich noch einmal im Überschwang seiner Gefühle an
seine Brust – das letzte Mal! Eben lauert... der 12... hier
vorüber, der ihn mir niemals... stiehlt, der mein Herz noch
jahrelang beben läßt, der mich so... seiner Nähe finden
läßt."[9]

Seit Benrath hatte Else ein Doppelleben geführt: auf der
einen, der der Öffentlichkeit zugewandten Seite, präsentierte
sich die Baronin als Offiziersfrau und Mutter zweier Kinder;

auf der anderen, der verheimlichten Seite, war sie die Geliebte des Amtsrichters Hartwich. Unvorhergesehenerweise dem Zwang enthoben, sich verstellen zu müssen, legte sie vor sich selbst ihr Leben offen. Mehr noch: sie bekannte sich zu dem Verstorbenen, den sie nie vergessen würde.

*

Elses Notate über die Tage vom 17. bis zum 22. Oktober 1886 bestätigen, äußerlich gesehen, Fontanes Einschätzung, das ganze sei nicht mehr als eine Ehebruchsgeschichte wie hundert andere mehr. Fasziniert hat den Dichter der Zuruf »Effi komm«, der ihm erst den Hintergrund der Geschichte erschloß. Wie bereits gezeigt, bedeutet Herthas Ruf im Roman: Bleib bei uns, in der Freiheit! Die von Else von Ardenne aufgezeichnete Originalfassung besagt das Gegenteil: „...[ich] ärgerte mich wütend, sah ich unseren alten Carl, den Bedienten suchend kommen, mit der üblichen Order »Elseken mach rasch daß Du reinkommst, Du sollst den Fähnrich v. Ardenne Klavier spielen hören, sagt die Frau Mama«."[10] Else hat dies als einen der wesentlichsten Momente in ihrem Leben angesehen, sonst wäre die über Achtzigjährige schweigend darüber hinweggegangen. Sie erinnerte sich aber nicht nur an den Befehl, Ardenne zu heiraten, sondern mehr noch an den Ärger und die Wut, die der Plan der Mutter ausgelöst hatten. Aus der Perspektive der alten Frau betrachtet, die an anderer Stelle von dem unendlichen Leid spricht, das Hartwich in ihr Leben gebracht hat,[11] bedeutet das: sie hatte ihr Versagen als junge Tochter erkannt. Schon damit – und nicht erst durch ihr späteres Verhalten – war Else von Ardenne mitschuldig geworden an der Katastrophe.

*

Hatte Ardenne unmittelbar nach seiner Rückkehr aus dem Manöver bereits Verdacht geschöpft, so werden ihm während Hartwichs Anwesenheit in Berlin die Schuppen von den Augen gefallen sein. Allein der Moment, in dem Else mit Hartwich bei

Müllers erschien, als er – Ardenne – schon dort war, spricht für sich. Das Verhältnis Elses zu Hartwich erschöpfte sich keineswegs in der Korrespondenz der beiden, doch würden erst die Briefe sichere Beweise abgeben. Ardenne, dem sich nach „geschärfter Beobachtung... der Argwohn zum dringenden Verdacht" verstärkt hatte, entschloß sich zum Handeln: „In Folge der in der Nacht vom 24. zum 25. November... vorgenommenen Suche fielen dem Ehemann die von der Frau sorgfältig aufbewahrten Briefe – ein ganzes Paket – in die Hände; sie datieren von Anfang September bis November dieses Jahres [1886], sind sämtlich von Hartwich geschrieben, und enthalten den unzweideutigen Beweis, daß die Ehefrau und Hartwich Geschlechtsgemeinschaft gehabt, daß sie getrennt von einander in der Phantasie diese Gemeinschaft mit glühender Leidenschaft fortgesetzt [haben]."[12]

Else legte „Auf Vorhalt der gemachten Entdeckung am... 25. November... das Geständniß ihrer Schuld und des bestehenden Verhältnisses ab. Auch der Amtsrichter Hartwich, welcher auf die Aufforderung, Rechenschaft zu geben, sich in Berlin eingefunden hatte, vermochte dasselbe nicht in Abrede zu stellen."

Ob die Beschuldigungen gegen Else von Ardenne und Emil Hartwich in vollem Umfang zutreffen, ist aufgrund der erhaltenen Dokumente nicht zu klären. In Teicherts Antrag heißt es zwar, „neben dem Geständnis der Ehefrau" dienen als Beweis „die in Vielzahl vorhandenen Briefe...; ein einziger derselben wird schon genügen."[13] Doch die bisher zitierten Briefe und viele andere, die anzuführen sich erübrigt, belegen die Beschuldigungen keineswegs. Allerdings sind die Akten beim zuständigen Zivilgericht später vernichtet worden[14] oder im Krieg abhanden gekommen.

Bei der Brieflektüre wird sich Ardenne an die unbeschwerten Zeiten am Rhein erinnert haben. Die Abende in der »Uel«, die Malkastenfeste, die Benrather Tafelrunde – alles erschien nun in völlig anderem Licht. Und die Freundschaft mit Emil Hartwich – Lug und Trug. Jetzt sind die Beweise da. Die Ehre steht auf dem Spiel. Er – Ardenne –, der Verfasser beachteter militärhistorischer Werke, ein Mann von Adel, Adjutant des Kriegsministers und Rittmeister á la Suite – ein gehörnter Ehemann! Wenn das publik würde. Eines Tages, vielleicht sehr bald schon, würde der Minister den Baron zu sich bitten lassen. Ein Gespräch fände statt, vorsichtig eingeleitet und dezent beendet. Die Herren wüßten die Formen zu wahren, aber Klarheit wäre hergestellt. Klarheit darüber, daß des Adjutanten Karriere als beendet anzusehen sei, falls sich der Rittmeister á la Suite nicht dazu entschlösse...

Dieses Gespräch hat nicht stattgefunden. Wohl aber soll sich Ardenne mit seinem Freund Benno von Wedell beraten haben, der auch die Rolle des Sekundanten übernommen und Hartwich die Forderung auf Pistolen unter sehr schweren Bedingungen überbracht haben soll. Man traf sich am 27. November auf der Hasenheide. Hier war Hartwich als Student in eine Schlägerei mit Berliner Bummelanten verwickelt, zu vierzehn Tagen Kerker verurteilt und anschließend von der Universität relegiert worden. Jetzt stand ihm, dem ausgezeichneten Pistolenschützen, der mit seinen Freunden oft im Garten Übungsschießen veranstaltet hatte,[15] das Recht auf den ersten Schuß zu – und gab ihn ungezielt in die Luft ab.[16] Ardenne, der schon mehrere Duelle überstanden hatte,[17] traf seinen Kontrahenten in den Unterleib. Nach Beendigung des Zweikampfs bat der „schwer verwundete Hartwich seinen Gegner wegen der ihm angethanen schweren Kränkung noch um Verzeihung..."[18] Eine Anwort Ardennes darauf ist nicht überliefert. Hartwich wurde anschließend in die Charité transportiert und operiert – vergeblich. Er starb am 1. Dezember. Ardennes Ehre war wieder hergestellt. Über Else wird kein Wort mehr verloren.

*

Im Roman findet Innstetten die Crampas-Briefe, als Effi verreist ist. Die Tochter Anni, mit dem Vater und den Dienstmädchen allein zu Hause, verletzt sich. Verbandszeug muß her. Schließlich wird der Nähtisch mit einem Stemmeisen aufgebro-

30 *Armand von Ardenne, wahrscheinlich portraitiert von Emil Hartwich.*

chen, und alles fliegt „auf das breite Fensterbrett: Nähzeug, Nadelkissen, Rollen mit Zwirn und Seide, kleine vertrocknete Veilchensträußchen, Karten, Billetts, zuletzt ein kleines Konvolut von Briefen, . . . mit einem roten Seidenfaden umwikkelt. . . .[19]

[Innstetten betrachtete] das kleine . . . Paket, das mehr aus einer Anzahl zusammengelegter Zettel, als aus Briefen zu bestehen schien. Er fuhr, als wäre es ein Spiel Karten, mit dem Daumen und Zeigefinger an der Seite des Päckchens hin und einige Zeilen, eigentlich nur vereinzelte Worte, flogen dabei an seinem Auge vorüber. Von deutlichem Erkennen konnte keine Rede sein, aber es kam ihm doch vor, als habe er die Schriftzüge schon irgendwo gesehen....

„Nur zwei, drei Briefe waren adressiert: »An Frau Landrat von Innstetten.« Er erkannte jetzt auch die Handschrift; es war die des Majors. Innstetten wußte nichts von einer Korrespondenz zwischen Crampas und Effi, und in seinem Kopfe begann sich alles zu drehen...."[20]

Innstetten liest die Briefe, in denen Crampas Effi mit Du anredet und ihr die Sätze schreibt: „Wir haben *auch* ein Recht", „Leichtsinn ist das beste, was wir haben", „Wie sollen meine Tage hier verlaufen ohne Dich! In diesem öden Nest", „...wir müssen schließlich doch die Hand segnen, die diese Trennung über uns verhängt",[21] dann kommt Wüllersdorf. Innstetten hat ihn zu sich rufen lassen, um ihn zu bitten, Crampas die Forderung zu überbringen; Crampas: der Galan Effis und zugleich Innstettens Freund.

Anders als im Fall Ardenne/Hartwich liegt die Liaison Effi/Crampas Jahre zurück. Aber Innstetten hält nichts von Verjährung, kann sie für sich nicht gelten lassen. Er ist unglücklich, gekränkt, hintergangen, liebt aber seine Frau so, daß er ihr alles verzeihen kann. Darauf Wüllersdorf: „»...wenn Sie so zu der Sache stehen..., und wenn wir dann das andere hinzunehmen, daß alles weit, weit zurückliegt, wie ein Geschehnis auf einem andern Stern,... so frage ich, wozu die ganze Geschichte?«"[22]

Innstetten: „»...Ich habe mir's hin und her überlegt. Man ist nicht bloß ein einzelner Mensch, man gehört einem Ganzen an, und auf das Ganze haben wir beständig Rücksicht zu nehmen, wir sind durchaus abhängig von ihm. Ging es, in Einsamkeit zu leben, so könnt ich es gehen lassen; ich trüge dann die mir aufgepackte Last, das rechte Glück wäre hin, aber es müssen so viele leben ohne dies ›rechte Glück‹, und ich würde es auch müssen und – auch können. Man braucht nicht glücklich zu sein, am allerwenigsten hat man einen Anspruch darauf, und

31 Max Liebermanns Steinzeichnung der Duellszene.

den, der einem das Glück genommen hat, den braucht man
nicht notwendig aus der Welt zu schaffen. Man kann ihn, wenn
man weltabgewandt weiter existieren will, auch laufen lassen.
Aber im Zusammenleben mit den Menschen hat sich ein Etwas
ausgebildet, das nun mal da ist und nach dessen Paragraphen
wir uns gewöhnt haben, alles zu beurteilen, die andern und uns
selbst. Und dagegen zu verstoßen, geht nicht; die Gesellschaft
verachtet uns, und zuletzt tun wir es selbst und können es nicht
aushalten und jagen uns die Kugel durch den Kopf.... Also
noch einmal, nichts von Haß oder dergleichen, und um eines
Glückes willen, das mir genommen wurde, mag ich nicht Blut
an den Händen haben; aber jenes, wenn Sie wollen, uns tyran-
nisierende Gesellschafts-Etwas, das fragt nicht nach Charme
und nicht nach Liebe und nicht nach Verjährung. Ich habe
keine Wahl. Ich muß.«"[23]

152

14
Duell und Männerehre

Mit den Worten Innstettens kennzeichnet Fontane prägnant
sowohl die Kritik an den bestehenden Verhältnissen als auch
das Dilemma, in dem sich der gehörnte Ehemann befindet. Da
Innstetten nicht weltabgewandt leben, sondern, von der Gesellschaft geachtet, in ihr tätig sein will, bleibt ihm nichts anderes übrig als sich den Gegebenheiten dieser Gesellschaft zu un-
terwerfen und dem Duellzwang zu folgen. Daran ändert auch
nichts die Tatsache, daß das Verhältnis Crampas/Effi Jahre
zurückliegt und Wüllersdorf wie ein Geschehnis auf einem anderen Stern vorkommt. „Ich muß", lautet das Fazit allen Nach-
denkens bei Innstetten. Genauso bei Ardenne. Zumal er –
darin weicht sein Fall von dem des Majors Crampas ab – Else
und Hartwich gleichsam in flagranti ertappt hatte. Beide waren
eben dabei, ihre Scheidung und Eheschließung vorzubereiten.
  Erschwerend kam hinzu, daß die Presse den Schußwechsel
auf der Hasenheide öffentlich machte. Ebenso wie im *Berliner
Tageblatt* am 3. Dezember stand in der in Bonn erscheinenden
Deutschen Reichszeitung vom 5. Dezember eine ausführliche
Meldung. Das westdeutsche Blatt hob auf die Bekanntheit
Hartwichs in Düsseldorf ab, der „sich in weiten Kreisen als
Führer der vielbesprochenen Bewegung für Körperpflege und
für eine mit dieser zusammenhängenden Umgestaltung des
Schulwesens bekannt gemacht [hat]."[1] Für das *Berliner Tage-
blatt* stand im Vordergrund des Interesses, daß „In hiesigen Of-
fizierskreisen... augenblicklich in lebhafter Weise von einem
Duell gesprochen [wird]..."[2] In beiden Zeitungen folgt fast
gleichlautend die Ursache des Duells:

„Der Herausforderer war ein hiesiger, höherer Offizier, der Adjutant eines unserer bekanntesten Generäle, sein Gegner der Amtsrichter H. aus Düsseldorf. Die Forderung lautete auf Pistolen unter sehr schweren Bedingungen. Der Ausgang des Duells war ein sehr unglückseliger. Amtsrichter H. erhielt einen Schuß in den Unterleib und wurde, da die Verletzung sich als eine ungemein lebensgefährliche erwies, noch an demselben Tage nach dem königlichen Klinikum in der Ziegelstraße gebracht. Ueber die Entstehung seiner Verwundung verweigerte er dort jede Auskunft und ist trotz sorgfältigster Behandlung am Mittwoch, dem vierten Tage nach dem Duell, an den Folgen der erhaltenen Schußverletzungen gestorben. H. war etwa 40 Jahre alt und verheirathet, sein Gegner ist ebenfalls verheirathet. Ueber die Ursache zu diesem Duell wird uns von glaubwürdiger Seite noch Folgendes mitgetheilt: Der betreffende Offizier hatte vor einiger Zeit in seiner Wohnung nach wichtigen Papieren gesucht, dieselben jedoch nicht gefunden; statt deren fiel ihm eine Reihe von Korrespondenzen in seine Hände, von deren Vorhandensein er bis dahin keine Kenntniß hatte und die ihm Anlaß gaben, dem Urheber derselben, dem Amtsrichter H. in Düsseldorf, eine Herausforderung zuzuschicken."[3] Die *Deutsche Reichszeitung* schließt die Meldung mit der süffisanten Bemerkung: „Dunkel ist der Rede Sinn."[4] So dunkel, daß die Regionalpresse um das Geheimnis einen weiten Bogen schlug. Die *Düsseldorfer Volkszeitung* ging in dem bei Schellens abgedruckten Auszug auf den Duellanlaß gar nicht ein,[5] und im *Düsseldorfer Anzeiger* hieß es lediglich, Hartwich sei „nach kurzem Krankenlager in Berlin verstorben. . . . über sein Hinscheiden im besten Mannesalter [empfinden Hartwichs Freunde] aufrichtige Trauer."[6]

Die Aufmerksamkeit, die dem Duell in der militärischen Öffentlichkeit Berlins entgegengebracht wurde, kam nicht von ungefähr: Ardenne gehörte zum Gefolge des Kaisers und Königs, hatte seinen Gegner getötet und, wie in solchen Fällen üblich, eine militärgerichtliche Untersuchung gegen sich eingeleitet; außerdem stand für den 13. Dezember auf der Tagesordnung des Reichstags die erste Beratung des vom Zentrumsabgeordneten Reichensperger eingebrachten Gesetzesentwurfs, die Ergänzung des Strafgesetzbuchs betreffend in Verbindung mit der Beratung der Resolution über das Duellunwesen.

Reichensperger beklagte, es vergehe kaum eine Woche, in der die Presse nicht von Duellen verschiedenster Art berichte, bei denen „vielfach tragische... Opfer" fallen. Bei den überhandnehmenden Duellen handele es sich „zunächst um einen widerchristlichen moralischen Schaden", zugleich aber „um eine soziale Frage im eminenten Sinne des Wortes, weil hier einem irregeleiteten Ehrgefühl, ja vielfach kleinlichsten konventionellen Empfindlichkeiten die Zukunftshoffnungen von Individuen und von Familien geopfert werden zum Schaden der Gesammtheit." Dem moralischen und sozialen Aspekt stellte Reichensperger den rechtlichen zur Seite, wenn er betont, es handele sich bei den Duellen „um die sytematische Verletzung von Gesetzen, die dieser Reichstag in Anerkennung ihrer Gerechtigkeit und Nothwendigkeit mit gegeben hat..."[7] Empört zeigte sich Reichensperger darüber, „daß Offiziere aus dem Offizierstande ausgestoßen werden, wenn sie eine ihnen zugegangene Duellforderung ablehnen."[8]

Als Inhaber der höchsten Kommandogewalt vertrat Wilhelm I. den Standpunkt, er werde einen Offizier, „welcher imstande ist, die Ehre eines Kameraden in frevelhafter Weise zu verletzen,... ebensowenig in Meinem Heere dulden, wie einen Offizier, welcher seine Ehre nicht zu wahren weiß."[9] Das bedeutete: Offiziere waren zum Duell verpflichtet. Wer dagegen etwa religiöse Bedenken geltend machte, dem riet das Ministerium, er solle sich „eben einem anderen Stande zu[wenden]."[10] Das Offizierskorps nahm eine herausgehobene Stellung in der Gesellschaft ein, stand außerhalb der geltenden Gesetze und über der zivilen Welt. Eine Kaste für sich, in der Selbstjustiz, wenn auch in eingeschränkter Weise, geübt wurde; eingeschränkt insofern, als bei Todesfällen der Überlebende ein Militärgerichtsverfahren gegen sich einzuleiten hatte, bei dem er meist sehr glimpflich davonkam.

Von den in aller Regel zum Duell führenden Motiven nennt Reichensperger „leider de[n] Irrsinn,... leider Schulden, und das dritte ist leider Liebesgram."[11] Bei dem wird die Ehre des hintergangenen Ehemanns beschädigt. Was aber heißt »Ehre«? Nach Schopenhauer ist sie „objektiv die Meinung anderer von unserem Wert, und subjektiv, unsere Furcht vor dieser Meinung."[12] Auf das subjektive Moment kommt es hier an, auf Ardennes – nicht unbegründete – Furcht davor, wie »man« über ihn sprechen wird, wenn die Untreue seiner Frau ans Licht kommt. »Man« heißt nicht so sehr alle, welche die Zeitungsmeldungen lasen und den „Adjutanten eines unserer bekanntesten Generäle" identifizierten, sondern vor allem diejenigen, die ihm dienstlich – im Ministerium – und familiär – in Adelskreisen – nahestanden. Es ging also um die Öffentlichkeit der „homogene[n] Gruppe der »Leute vom Stande«, d. h. derjenigen, die ebenfalls dem Kodex der Ehre verpflichtet sind."[13] Nach den ihn bestimmenden Vorstellungen und den ihn zwingenden Gegebenheiten blieb Ardenne nichts anderes übrig, als Hartwich zu fordern. Und er, obgleich nicht »vom Stande«, aber Reserveoffizier, Akademiker, und preußischer Beamter, sah offensichtlich keine andere Möglichkeit als anzunehmen. Denn: „Die ideale Auffassung, die sich im deutschen Volke von dem Wesen der Ehre entwickelt hat, bedingt unter Umständen die Nothwendigkeit des Duells, und wir können nicht wünschen, daß diese ideale Auffassung uns künftig einmal abhanden komme. Durch das Duell soll der Ueberzeugung Ausdruck gegeben werden, daß die Ehre höher steht als das Leben
(Lachen im Zentrum)
und daß ein Leben ohne Ehre keinen Werth hat."[14] So der Abgeordnete v. Reinhaben. Auch Hartwich hatte sein Bekenntnis zur Ehre vor aller Öffentlichkeit abgelegt. Seine Schrift »Woran wir leiden« stellte er unter das Motto: „Nächst der unbefleckten Ehre ist die Gesundheit das höchste Gut auf Erden."[15]

Und die Dritte im Bunde? Else von Ardenne? Hatte sie, um die es doch ging, ein Wort mitzureden? Fragen, die sich Ende des 19. Jahrhunderts noch erübrigten. Der Abgeordnete v. Reinhaben wußte auch darauf eine Antwort: „Meine Herren,... wenn ein Gatte, ein Vater durch Verführung der Frau, der Tochter den denkbar größten Schimpf erleidet, dann, meine Herren, sagt uns ein kategorischer Imperativ in unserem Innern, daß die uns angethane Schmach mit dem Leben des Beleidigers gesühnt werden muß und nur auf diese Weise gesühnt werden kann. Das Duell ist nach deutscher Anschauung die ultima ratio der ehrenhaften Leute zum Schutze gegen diejenigen, welche ihr höchstes Gut, die Ehre, freventlich antasten." [16]

Angesichts dieser das Duell geradezu gebietenden Auffassung wird der schon zitierte Antrag des Ardenne-Anwalts Teichert verständlicher, und zwar besonders an der Stelle, an der die „Geschlechtsgemeinschaft" zwischen Else von Ardenne und Hartwich behauptet und der Vorwurf erhoben wird, beide hätten sich auch in ihren Briefen „mit glühender Leidenschaft" sexuellen Phantasien hingegeben. Nach den Vorstellungen der Zeit mußte innerhalb adeliger Offizierskreise so argumentiert werden, zumal der Zweikampf mit tödlichem Ausgang indirekt einer Rechtfertigung bedurfte. Bei Leuten »vom Stande« ging es darum zu demonstrieren, daß man sich nicht ungestraft zum Gespött machen ließ. Zudem stand – paradoxerweise – die weibliche Ehre mit auf dem Spiel. Sie definiert sich, wie Ute Frevert in ihrem Buch »Ehrenmänner« herausgearbeitet hat, „als Geschlechtsehre..., die an die körperlich-sexuelle Integrität der Frau gebunden war. Verlor sie diese Integrität, indem sie ihren Körper einem Manne hingab..., der dazu kein »Recht« hatte, büßte sie auch ihre Ehre ein." Da Frauen aber im 19. Jahrhundert das Recht abgesprochen wurde, ihre Ehre selbst verteidigen zu können, war es „nur folgerichtig, daß... verlorene Körper-Ehre nicht durch eigenen körperlichen Einsatz wiederhergestellt werden durfte. Die durch einen Mann verletzte Ehre konnte nur durch einen Mann »geheilt« werden: ...bei verheirateten Frauen durch ein Duell zwischen Ehebrecher und Ehemann." [17]

157

Über sechsundzwanzig Jahre nach der Reichstagsdebatte stand das Thema Duell immer noch in der öffentlichen Diskussion, nur daß im Juni 1912 nicht mehr allein Männer das Wort führten. In der von ihr herausgegebenen Zeitschrift »Die Frau« griff Helene Lange, eine der Führerinnen der deutschen Frauenbewegung,[18] den Debattenbeitrag v. Reinhabens auf und stellte dazu fest, daß „Duellsitte und Patriarchalismus zusammen[hängen]". H. Lange fährt mit den oft zitierten Sätzen fort: „Diese merkwürdige und für jede selbstbewußte Frau so befremdende Art zu formulieren: wenn ‚einem Manne seine Frau oder Tochter verführt wird'. Als ob man sagte, ‚wenn einem seine Katze gestohlen wird'. Diese unbewußte Herabdrückung der Frau unter das Maß persönlicher Verantwortlichkeit, das in einem solchen Fall dem Mann als Schuldigen oder Rächer zugeschoben wird. Ihr Ausgeschaltetsein aus dem Austrag des Falls, den die Männer als Besitzer unter sich erledigen. Und dieser Begriff der ‚Familienehre', die nichts anderes als eine erweiterte Mannesehre ist, die von der Frau zwar verletzt, aber nicht behauptet werden kann. Denn was geschieht, wenn der Mann die Familienehre verletzt, indem er seiner Frau untreu ist?"[19]

Die hier aufgeworfene Frage wird durch einen Vorfall illustriert, über den das *Berliner Tageblatt* in der gleichen Ausgabe berichtete, in der auch das Duell Ardenne/Hartwich gemeldet wurde:

„Ein geheimes Kapitel der Berliner chronique scandaleuse ist wieder »gerichtsreif« geworden, nachdem unsere Kriminal- und Sittenpolizei mit fester Hand den Schleier gelüftet haben, der über jenes Kapitel gebreitet war. Es handelt sich ... um eine jener gefälligen Damen, welche ihr Heim der lebenslustigen Männerwelt zum Tummelplatz für allerhand Orgien bereit gehalten und auch dafür Sorge getragen hatte, daß hierbei das Ewig-Weibliche in ihren Räumen nimmer fehle. Es ist eine neue Auflage der erst jüngst vor Gericht zum Abschluß gebrachten Affaire aus der Kanonierstraße, aber eine verbesserte Auflage, denn die Namen, welche diesmal genannt werden, gehören sehr, sehr hohen Kreisen an. Diese Namen sind übrigens in der bereits schwebenden Untersuchung von der gefälligen Frau selbst genannt worden, vielleicht in der Hoffnung, daß das Gewicht dieser Namen ihre Schuld auf der Waage der Frau Themis hoch emporschnellen werde. Der Tummelplatz für die Lebemänner, welche fast ausschließlich der hohen Aristokratie, Diplomatie und Plutokratie angehörten, war die ganze zweite Etage eines der neuen komfortabel eingerichteten Häuser im südöstlichen Theile der Wilhelmstraße, und die Dame, welche dort die Honneurs machte, ist eine Frau H., der nachgesagt wird, daß sie auch ihre in sehr jugendlichem Alter stehende Tochter an dem Unternehmen »beteiligt« habe. Durch einen eigenartigen Zufall ist der Kriminalbehörde ein dokumentarischer Beweis für das strafbare Treiben der Frau H. in die Hände gefallen und hat Anlaß zu deren Verhaftung wegen Verdachts der gewerbsmäßigen bezw. schweren Kuppelei gegeben. Inzwischen ist Frau H. aber wieder auf freien Fuß gesetzt worden, und zwar gegen eine Kaution von 30 000 Mark. Ueber die Provenienz dieser Kautionssumme werden »in der Gesellschaft« allerhand Lesarten kolportirt; ferner wird erzählt, daß jener Dame von interessirter Seite hohe Summen geboten worden seien, damit sie, unter Preisgabe der Kaution, sich aus dem Staube mache. Sie soll aber alle derartigen Zumuthungen zurückweisen, weil sie auf den Einfluß ihrer hohen Gönnerschaft baut...«[20]

15
In der Zitadelle des Ich

„Es dauerte bis zum November 86, da trennten sich meines Mannes u[nd] mein Lebensweg."[1]

Nur diesen Satz hat Else von Ardenne über die ebenso ereignisreichen wie schweren Tage vom 25. November bis 1. Dezember notiert. Das klärende Gespräch, zu dem Ardenne den Düsseldorfer Amtsrichter telegraphisch nach Berlin bestellt hatte, wird in eisiger Atmosphäre stattgefunden haben: eine knappe Verbeugung, ein kühler Gruß. Und dann nichts als Fragen und Antworten, sachlich, kurz, ohne Umschweife. Es geht nicht um Erklärungen und Erläuterungen. Es geht darum, einen Sachverhalt festzustellen und zu bestätigen, sich zu ihm zu bekennen. Hartwich macht keine Ausflüchte. Er gibt zu, was er nicht leugnen kann. Er ist bereit, sich den Konsequenzen zu stellen.

Hartwichs Tod, eingetreten am 1. Dezember, dem Tag, an dem der Jahresurlaub „zur Förderung seiner Ziele" beginnen sollte, dieses gewaltsam herbeigeführte Ende muß Else um so absurder erschienen sein, als Hartwich sich einem Kodex unterworfen hatte, der nur dazu da war, um die »Ehre« des Herausforderers wieder herzustellen. Anstatt auf der zivilen Lösung des Problems zu bestehen, war Hartwich ins Lager der »Leute vom Stande« übergewechselt. Ein Entschluß, zu dem das Stanley-Syndrom beigetragen haben mag: Hartwichs Sehnsucht und Bereitschaft, aus der gewohnten Ordnung auszubrechen um des Abenteuers willen. Von beiden Männern im Stich gelassen, blieb Else allein übrig.

Der Schußwechsel auf der Hasenheide hat sich nach den bei

Zweikämpfen geltenden Regeln vollzogen: die Duellanten versicherten „einander vor dem Waffengang auf Ehrenwort..., absolutes Stillschweigen zu wahren, wie immer der Kampf auch ausgehe."[2] Dem entsprach Hartwich auch dann noch, als er lebensgefährlich verletzt in die Klinik eingeliefert worden war. Auf dem Sterbelager verweigerte er jede Auskunft darüber, wie seine Verwundung entstanden war.[3] Diese Verschwiegenheit hatte freilich eine Kehrseite: nachdem Hartwich verstorben war, mußte sich der Überlebende zu seiner Tat bekennen und ein militärgerichtliches Verfahren gegen sich einleiten. Ardenne kam dieser Verpflichtung nach und brachte vorher noch die Ehescheidung auf den Weg. Daher die Eile, mit der Teichert am 5. Dezember den Sühnetermin für den 11. Dezember beantragte. Nach allem, was vorgefallen war und wozu sich Else bekannte, verlief der Versuch ergebnislos. Wiederum wenige Tage später fand am 15. Dezember die militärgerichtliche Verhandlung statt mit dem Ergebnis, daß Ardenne zu zwei Jahren Festungshaft verurteilt wurde. Während Else bei ihrer Schwester Luise von Gersdorff eine erste Zufluchtsstätte fand,[4] wartete Ardenne in Berlin auf den Termin, zu dem er seine Haft anzutreten hatte. Auch stand noch aus, wo die Strafe zu verbüßen war.

Der bevorstehenden Weihnachtstage und des Jahreswechsels wegen zog sich die Entscheidung hin, für Ardenne eine Zeit, über sein Leben nachzudenken. Wer erwartet, er habe diese Möglichkeit zur Selbstkritik genutzt, sieht sich getäuscht. In den Briefen an seine Mutter in Leipzig betrachtet der Sohn seine Situation nur vom Rechtsstandpunkt aus. Diese Perspektive ergab nichts anderes, als daß Else und Hartwich die Schuldigen waren. Warum es dazu hatte kommen können, verschloß sich Ardenne vollkommen. „Sorge Dich nicht um mich", schreibt er am 3. Dezember 1886 seiner „Herzensmama", und kehrt den starken Mann heraus: „Ich bin aus hartem Holz geschnitten wie die meisten Menschen, u[nd] Körper u[nd] Geist sind bei mir wunderbar elastisch." An anderer Stelle: „Das Schicksal zimmert sich seine Charaktere zurecht.

Ich bin stahlhart geworden." Wer das so auffällig betont, hat offensichtlich das Bedürfnis, ein Manko auszugleichen. Tatsächlich war er tief getroffen, obwohl ihm seit Jahren Elses zwiespältige Haltung ihm gegenüber bekannt war. Um der Karriere willen hatte er sie in Kauf genommen. Jetzt erst kommt ihm die Abneigung wieder zum Bewußtsein: „Meine Frau hat mich nie geliebt u[nd] vor wenigen Wochen hat sie mir das mit dürren Worten gesagt. (Jetzt freilich jammert sie nach mir.) Selbst in der ersten Zeit unserer Ehe habe ich das schmerzlich empfunden." Auf diese späte Einsicht reagiert Ardenne larmoyant: „Ich kenne das Gefühl nicht, ein liebendes Weib im Arm zu halten." Die egoistische – von ungewollter Komik nicht freie – Schlußfolgerung lautet: „Wenn das Schicksal gerecht wäre, würde es mir einen Ersatz dafür schuldig sein."

„Beargwöhnt habe ich meine Frau seit langem", schreibt Ardenne weiter. Seiner Mutter gegenüber will er vermeiden, als ahnungsloser Tor dazustehen. Um von eigenen Fehlern abzulenken, wird festgestellt, Else und „ihr Liebhaber waren eben zu schlau, um sich fangen zu lassen", eine Binsenwahrheit, die Ardenne für nötig hielt, um sich wieder in besseres Licht rükken zu können: „Mit der beharrenden Energie, die mir eigen ist, habe ich aber endlich das Gewebe von Lüge u[nd] Heuchelei zerrissen. Mir ist wohl. Ich bin wie von einem Alpdruck erlöst."[5] Er sei, wie er hervorhebt, nicht für lange Aussprachen, habe sich früher in seinen Dienst vertieft und wundert sich nun darüber, daß seine Ehe zerbrochen ist.

So kurz dieser Brief ist, so entlarvend fällt die Skizze aus, die Ardenne von sich entwirft. Wie Innstetten in Fontanes Roman ist auch Ardenne „lieb und gut, aber ein Liebhaber [ist] er nicht." Am 28. Dezember kommt Ardenne auf dieses Thema zurück: „Es ist mir nun klar geworden, daß der Verlust meiner sonnigen Vergangenheit zunächst es ist, der mir so weh that. Ich kann beinahe an keine Periode unseres Lebens, seit ich erwachsen bin zurückdenken, ohne daß wie ein düsterer Schleier das Bewußtsein darüber herabsinkt, daß das Licht, was sie damals überstrahlte u[nd] verschönte, ein falsches Licht war u[nd] nun erloschen ist.

Dann aber ist noch ein Gedanke, der mir besonders weh thut. Du weißt, daß schon die kleinen Mädchen in der Tanzstunde mich nicht leiden konnten. In meiner Frau glaubte ich ein Herz gefunden zu haben, das mich liebte. Das war ein Traum. Sie hat mir eingestanden, daß sie mich nie geliebt hat und selbst als Braut daran gedacht hat unsere Verlobung aufzulösen. So komme ich mir wie ein Paria unter den Männern vor, mir ist es, als müßte ich dem ärmsten u[nd] häßlichsten Weib danken müssen, das mich um meiner selbst willen lieben könnte. Ich kann mir die irdische Seligkeit kaum vorstellen, von dem Weibe, das man liebt, rückhaltlos wieder geliebt zu werden."[6]

Das gestörte Verhältnis zu Frauen und das gleichzeitige Verlangen nach Liebe ist nicht das einzige Thema, mit dem sich Ardenne beschäftigte. Wichtiger sind ihm Egmont und Margot. E., wie er seine Frau nennt, hat er gestattet, „alle Monat[e] einmal den Kindern zu schreiben."[7] Allerdings verlangt er von der Mutter, sie dürfe nur die unverfänglichen Briefstellen vorlesen. Sollte der Ton unangemessen sein, müßten Elses Briefe zurückgehalten werden.

Was die Zukunft der Kinder betrifft, so legte Ardenne damals schon fest, daß im Falle seines Todes der Bruder Hippolyt zum Vormund bestimmt sei ohne jede Einschränkung. Unter allen Umständen sollte verhindert werden, daß Else wieder Gewalt über Sohn und Tochter bekomme. Da die Kinder noch jung waren und er sich einstweilen von ihnen trennen mußte, hielt der Vater es für das beste, sie zu den Großeltern nach Leipzig zu geben. Er befürchtete, „daß meine geschiedene Frau, von Sehnsucht nach den Kindern getrieben, öfters nach Berlin kommen wird, um die Kinder heimlich zu sehen, auf dem Schulweg zu sprechen pp. Das könnte die unseligsten Folgen haben. In Leipzig ist das unmöglich, weil E. dort keine Familie hat, wo sie unterkommen könnte."[8] Schließlich sei darauf zu achten, daß Egmont Französisch lerne. Zur Begründung führt Ardenne eine mögliche militärische Laufbahn an; bei ihr sei die französische Sprache von großem Nutzen.

Bei den für in Zukunft zu treffenden Entscheidungen rangiert Else erst an zweiter Stelle. „... irgend welches Interesse [empfinde ich] an E." nicht, schreibt er. Das sei vorüber. „Ich kenne nur das Mitleid u[nd] gewisse Ansprüche der Pietät", weil sie die Mutter seiner Kinder ist[9] und er in gewissem Umfang für ihr Leben zu sorgen hat. „Ich beabsichtige E. ihren Vermögensantheil durch eine feste lebenslängliche Rente von 1600 Mark abzukaufen. Dadurch rette ich das kleine Kapital für die Kinder. Würde sie das letztere in die Hände bekommen, so würde sie es bald verlieren u[nd] ihre Erhaltung mir doch zur Last fallen. Denn verhungern könnte ich doch die Mutter meiner Kinder nicht lassen." Alles weitere „geht... mich ja gar nichts mehr an."[10]

Weitaus ausführlicher als mit den anstehenden Scheidungs- und Versorgungsfragen beschäftigt sich Ardenne mit seiner Verurteilung, der bald zu erwartenden Rehabilitierung und den äußeren Umständen der Festungshaft. Schon im ersten Brief an die Mutter hebt er hervor, der Minister sei „rührend gut" zu ihm und habe den – heute unglaublich klingenden – Satz gesagt: „»wenn ich Ardenne nicht schon als Adjutanten hätte, dann würde ich ihn mir jetzt nehmen«."[11] Wie selbstverständlich wurde erwartet, daß der Kaiser die Festungshaft auf ein Minimum reduzieren werde. Doch so schnell, wie Ardenne sich das vorgestellt hatte, geschah das nicht. Der Instanzenweg mußte eingehalten werden. Am 28. Dezember bemängelte Ardenne, er habe das Urteil immer noch nicht, und befürchtete, „daß das Schaaf von Auditeur einen Formfehler gemacht hat, welchen das Generalauditoriat aufgegriffen hat. Ich hoffe heute Gewißheit darüber zu erlangen. Ist meine Befürchtung gegründet, so sind längere Schreibereien unvermeidlich, wenn nicht gar ein neues Kriegsgericht commandirt werden müßte."[12] An der Sache freilich – an der Verurteilung und an der baldigen Begnadigung – werde das nichts ändern. Nur wollte der Delinquent die Festungszeit bald hinter sich bringen.

Wie sehr sich Ardenne darauf verlassen konnte, zu den von Amts und von Standes wegen Bevorzugten zu gehören, zeigt das Vertrauen, das er dem Minister entgegenbrachte und das dieser nicht enttäuschte: „Er [der Minister, der nach wie vor „sehr gütig" gegen Ardenne war] fragte mich, ob ich in Betreff der Festung irgend welche Wünsche habe. Ich nannte ihm Magdeburg, weil ich den Kommandeur (de Claer) sehr genau kenne. Er versprach mir, Albedyll [dem Chef des Militärkabinetts] sofort meine Wünsche mitzutheilen." Und Albedyll erfüllte sie, ein Verhalten, das die Gesinnungskumpanei hoher Militärkreise der Kaiserzeit belegt. Der Duelltod eines Menschen erscheint, zumindest im Fall Ardenne/Hartwich, als Kavaliersdelikt. Daß Ardenne Anfang Januar 1887 dann seine Strafe antreten mußte, war reine Formsache, zu der ihn „herzliche, theilnehmende Briefe"[13] und später sogar „unendlich viele Liebesbeweise, Briefe, Bücher etc." aus Berlin und Düsseldorf erreichten.[14]

Die Haftumstände waren, jahreszeitlich bedingt, unangenehm, zumal am 4. Januar 1887 de Claer noch Urlaub hatte. So mußte Ardenne „die volle Strenge eines Gefängnisses" ertragen, doch er hoffte drauf, der ungemütliche Zustand werde sich ändern, sobald der Kommandant wieder da sei. „Man sitzt hinter eisernen Gardinen in einem Hundeloch von Zimmer, unten kalt und heiß am Kopf, weil der eiserne Ofen sprüht. Von 2–5 Uhr Nachmittag[s] ist Spaziergang auf einem kleinen schmutzigen Hofe." Die hier ihre Strafe verbüßten, durften Briefe und Pakete entgegennehmen, die nicht unmittelbar zugestellt wurden. Ardenne schickte täglich eine Ordonanz zum Postamt in die Stadt, um postlagernde Sendungen abholen zu lassen. Besonders erwünscht waren „Stiefel, Streichriemen zum Rasieren, Handspiegel, Handschuhe…" Daß es trotz der Kälte und des Verbots, mit anderen Häftlingen sprechen zu dürfen, um den Rittmeister á la Suite in der Magdeburger Zitadelle nicht gar so schlecht bestellt gewesen sein kann, belegen die Arbeiten, die ihm vom Kriegsministerium zur Erledigung nachgeschickt wurden.[15]

Dennoch klagt Ardenne über Langeweile und vor allem darüber, daß de Claer ihm keine Erleichterungen verschafft: „... daher [habe ich] die volle Rigorosität des Reglements kennen gelernt."[16] Und obwohl der Kommandant dem Häftling sein Mitleid ausdrückt, wird die „Isolierhaft, wie ich sie mit anderen Offizieren theile", nicht aufgehoben. „Das allein u[nd] Eingeschlossensein ist aber, wenn man seelisch sowieso herunter ist, eine ganz entsetzliche Pein. Den Gedanken, die einen quälen, kann man nicht entrinnen. Ich fühle fast, wie ich fixe Ideen nicht los werde, besonders die eine, daß mich auf Erden nie ein Weib lieben wird außer meiner guten Mutter. Ich hoffe nun zwar, daß ich bald begnadigt werde, aber Wochen vergehen sicher noch. Das Essen, das einem hier von einem schmierigen Unteroffizier verkauft wird, ist ja so abscheulich, daß ich Dein Angebot doch annehme, liebe Mama, u[nd] Dich bitte, mir ein Kistchen mit einer Pastete, Spickgans oder dergl. zu senden. Stolle schicke mir nicht.

... Um 11 Uhr Abends muß ich das Licht auslöschen. Da ich doch nicht schlafe, ist die lange Nacht mein Schrecken. Diese bittere Zeit setzt meinen herben Leiden die Krone auf. Ich frage mich, warum das Schicksal plötzlich mich so verfolgt."[17]

Nicht ein einziges Mal ist Ardenne auf den Gedanken gekommen, seine Verfassung könnte etwas mit dem Ausgang des Duells zu tun haben. Kein Wort des Bedauerns, der Einsicht, des Verzeihens. Er beharrt auf seinem Standpunkt, sieht nur die Schuld und die Niedertracht der anderen und beklagt wehleidig seine Misere. Als sich seine Lebensumstände plötzlich ändern und er mit seinen „Schicksalsgenossen" zusammen sein darf, schwelgt er davon, mit ihnen „Karpfen blau, Hühner, Beefsteaks, Schnitzel, Pökelfleisch mit Sauerkraut und Erbsen, Suppen, Rührei, Kartoffeln" kochen und braten zu können. Er ist stolz darauf, in der Zelle zu wohnen, in der Fritz Reuter einsaß. Mit den „Herren, die meinen Korridor bewohnen", liest er »Ut mine Festungstid« und fügt voller Selbstbewußtsein hinzu, es handele sich um zwei Offiziere, die ihre Gegner im Duell getötet hätten, und um einen Forstassessor, der einen

Wilddieb erschossen habe. Ardennes Kommentar: „Wir vier Mörder sind aber eigentlich sehr harmlose Menschen."[18]

Der Zynismus, der aus diesem Satz spricht, wird nur noch durch Äußerungen übertroffen, die Ardenne nach Hause schreibt, nachdem er in den *Dresdner Nachrichten* einen seinem Fall gewidmeten Kommentar gelesen hat. Der Wortlaut des Zeitungsbeitrags war nicht zu ermitteln. Doch die Vehemenz, mit der Ardenne darauf reagiert, läßt erkennen, daß die Stellungnahme in der Zeitung äußerst kritisch gewesen sein muß. Sofort zeiht Ardenne die Zeitung der Verdrehung der Tatsachen. „Die Dresdner Nachrichten haben einfach einen gemeinen Artikel des Berliner Tagblatts und auch diesen mißverständlich benutzt. Vielleicht nimmt die übrige fortschrittliche Presse in der Provinz an diesem Hexensabbath theil." Nach den geltenden Bestimmungen war es Ardenne untersagt, einen Leserbrief an das Blatt zu schicken. Die Möglichkeit, die Zeitung zu verklagen, schied ebenfalls aus, weil, wie Ardenne meinte, eine „gerichtliche Bestrafung der betr. Zeitung nach Maßgabe unseres schlappen Pressegesetzes zweifelhaft erscheint. In Folge dessen haben Albedyll u[nd] Bronsart beschlossen, die Sachen gerichtlich vorläufig nicht zu verfolgen. Bronsart sagte mir mit seiner wohlthuenden Ruhe, ich brauche mich um der gemeinen Brut der Juden Kindereien nicht zu kümmern; alle anständigen Leute würden sich mit mir beleidigt fühlen; wen das Dresdner Tageblatt angreife, der sei in den Augen der maßgebenden Kreise ein anständiger Mensch."[19] Hier manifestiert sich erneut der Standesdünkel hoher Militärs. Ardenne griff bereitwillig die Denkungsart seiner Vorgesetzten, des Chefs des Militärkabinetts und des Kriegsministers, auf. Unfähig, Kritik an sich zuzulassen und unabhängiges Urteilen überhaupt nachvollziehen zu können, hielt er alles Fortschrittliche für das größte Übel und suchte Schutz hinter den Barrikaden des Antisemitismus. Und nach wie vor hielt er sich für den Schwerbeleidigten, ohne danach zu fragen, welche Fehler er begangen haben könnte. Zeit seines Lebens blieb Armand der Gefangene in der Zitadelle seines Ich.

167

Am 22. Januar, an dem Tag, an dem Ardenne seinen letzten Brief nach Leipzig schrieb, erließ Wilhelm I. „dem Rittmeister Baron von Ardenne á la Suite des 2. Westfälischen Husarenregiments und Adjutant des Kriegsministers den Rest der... zu verbüßenden Freiheitsstrafe hierdurch aus Gnade..."[20] Aus zwei Jahren Festungshaft waren achtzehn Tage geworden. Das Kochen von Karpfen und Hühnerfleisch und das Braten von Beefsteaks und Schnitzeln war zu Ende. Voller Stolz schließt der Begnadigte seinen Brief mit dem Satz: „Morgen hat der Kaiser mich zur Meldung befohlen."[21]

16
„. . . die lahm gewordenen Füße"

Mit der Begnadigung durch Wilhelm I. ging für Armand von Ardenne das bisher düsterste Kapitel seines Lebens zu Ende. Daß der Kaiser ihn zu sich befahl, bewirkte nicht nur die ehrenhafte Wiederaufnahme in den Kreis der Leute vom Stande, sondern auch, daß Ardenne seine Karriere fortsetzen konnte. Als „Lehrer an der Preußischen Kriegsakademie... und schließlich [als]... Divisionsgeneral in Magdeburg – sein unmittelbarer Vorgesetzter dort war von Hindenburg – [erreichte er] den Höhepunkt der militärischen Laufbahn im damaligen Deutschland...", wie der Enkel Manfred von Ardenne in seinen Lebenserinnerungen berichtet.[1]

Bevor sich Ardenne seinen dienstlichen Obliegenheiten zuwandte, trieb er die Scheidung voran. Am 19. Februar 1887 wurde sie vorbereitet in einer Besprechung zwischen Ardennes Anwalt Teichert und Wolf von Plotho, Elses Bruder, der ebenfalls Jurist war. Über diese Unterredung unterrichtete Teichert am 6. März seinen Kollegen Justizrat Leonhard, den Else mit der Wahrnehmung ihrer Interessen beauftragt hatte. Neben der mündlich ausgehandelten finanziellen Absicherung Elses stand die für sie ebenso wichtige Frage nach der Zukunft Margots und Egmonts zur Debatte: „Die beiden Kinder werden gegen Ende dieses Monats zunächst bei den Eltern des Herrn v. Ardenne Unterkunft finden; es ist dies eine durch die Verhältnisse dictirte, unabänderliche Maßnahme. Der Zutritt zu den Kindern kann der Mutter ja nicht ganz versagt werden; jetzt ein Abkommen hierüber zu treffen, lehnt Herr v. Ardenne ab. Nach den mir gegenüber gemachten Aeusserungen will derselbe in dieser Beziehung sein Entgegenkommen von der Gestaltung der künftigen Lebensverhältnisse abhängig machen; die Kinder der Mutter zu entfremden, liegt seinen Absichten durchaus fern."

Offensichtlich hatte Leonhard in Elses Auftrag nachhaltig darauf gedrungen, daß der ständige Kontakt seiner Mandantin zu ihrer Tochter und ihrem Sohn vertraglich abgesichert wurde. Das lehnte Teichert strikt ab: „Nach meiner Auffassung des Wesens und der Verhältnisse würde die Erfüllung der Wünsche Ihrer Frau Clientin günstigere Aussichten haben, wenn dieselbe es über sich gewinnen könnte, ihre Wünsche bis dahin zurück zu stellen, wo die Zeit, das beste Linderungsmittel der Schmerzen, in ihrem Heilungswerk einige Fortschritte gemacht haben wird." Einerseits dürfte dabei die Überlegung maßgebend gewesen sein, daß Else und nicht ihr Mann die Ehe gebrochen hatte. Andererseits zielt der folgende Satz – „Nach meiner [Teicherts] Ansicht bedürfen die Gemüther der Parteien zunächst der Ruhe"[2] – darauf ab, Else von Ardenne würde von selbst ihre Forderung herunterschrauben.

Hinzugekommen mag sein, worüber Teichert möglicherweise durch Ardenne informiert war: zwischen Hartwich und Egmont von Ardenne hatte ein herzliches Verhältnis bestanden. In Düsseldorf war der Junge von Hartwich portraitiert worden. Nach der Übersiedlung nach Berlin hatte er dem „lieben klein[n] Egmont" zu Weihnachten 1884 einen Brief geschrieben, dem er „einen kleinen Luftballon als Gruß aus der Leopoldstraße [beilegte]. Wenn Du mir später schreibst, an welchem Tage Du den Ballon aufsteigen läßt, dann will ich recht aufpassen, natürlich muß der Wind richtig blasen; es muß hauptsächlich Ostwind sein." Außerdem geizte Hartwich nicht mit Gesundheitsratschlägen: „Denke Dir", schreibt er weiter, „Emil und Ehrich [sic; Hartwichs Söhne] haben beide eine Rückgradverkrümmung vom vielen Sitzen; ich habe sie von I^{ten} Aerzten Cölns untersuchen lassen, und müssen sie [die Söhne] Manschetten tragen, die jede 50 Mk. kosten! Es ist ein Skandal, daß ich krumme Jungens habe; aber Du kannst Dir denken, daß ich sie wieder gerade kriege; laß Dich nur auch untersuchen; denn beim Militär können sie krumme Wirbelsäulen nicht brauchen, weil die immer im Bogen schießen. Geh auch nie zu nah an die wilden Thiere; ich bin immer bang, daß Dich mal einer von den Leoparden faßt und Dich zum Frühstück ißt."[3] Der humorvoll-herzliche Ton, mit dem Hartwich auf den damals Siebenjährigen eingegangen ist, wird dem inzwischen Zehnjährigen noch in Erinnerung gewesen sein. Wahrscheinlich hat er den Düsseldorfer Onkel sogar bei dessen Berlinaufenthalt im Oktober 1886 gesehen. Ein Grund mehr für den Vater, den Sohn unter allen Umständen von der Mutter fernzuhalten. Aus der Perspektive Ardennes bestand außerdem die Gefahr, daß seine Frau ihrem Sohn gegenüber im Laufe der Zeit erzählen würde, wie Hartwich gestorben war. Dadurch wäre der Vater in eine Situation geraten, die ihm nicht gleichgültig sein konnte. Besser also, von vornherein klare Verhältnisse im Hinblick auf die Kinder zu schaffen.

Dementsprechend lautete die Antwort, die Justizrat Leonhard seiner Mandantin zukommen lassen mußte. Das von ihr gewünschte Ziel zu erreichen, schrieb Leonhard, sei unmöglich. Daß die Kinder zu den Ardenne-Eltern kämen, sei eine fest beschlossene Sache: „Ihnen [EvA] steht kein Rechtstitel zur Seite, um hierin etwas zu ändern. Sonach bleibt nichts übrig, als abzuwarten, ob, wie in dem Briefe als möglich angedeutet ist, die Zukunft hierin etwas Ihren Wünschen entsprechend ändern wird. Das Recht des Zutritts zu den Kindern bleibt Ihnen natürlich immer gewahrt."[4]

Die Verhandlung vor dem Ehegericht fand am 15. März 1887 in Berlin statt. Else von Ardenne wurde schuldig geschieden, die Kinder erhielt der Vater zugesprochen. Die Aussicht, daß Else sie wieder sehen könne, wenn sich die „Gemüther der Parteien" beruhigt hätten, blieb erhalten, – ein vages, sich gut ausnehmendes, aber zu nichts verpflichtendes Versprechen. Die verstoßene, rechtskräftig geschiedene Frau, die Liebhaberin eines Toten mußte zusehen, wie sie mit sich und der Welt zurecht kam.

Anders als Effi Briest, die resigniert und früh stirbt, standen Else von Ardenne noch fünfundsechzig Lebensjahre bevor. Die erste Zeit nach der Scheidung verbrachte sie bei ihrer Schwester Luise von Gersdorff, in deren Familie über Elses Leben entweder geschwiegen oder nur in allgemeinen, verschleiernden Redensarten geflüstert wurde. Was die Verwandte hinter sich hatte, war absolut tabu.[5] Während des Aufenthaltes bei ihrer Schwester bekam Else Kontakt zu Pfarrer Christoph Blumhardt. Wann diese Verbindung zustande kam und wer dabei behilflich war, läßt sich nicht mehr zurück verfolgen. In der autobiographischen Niederschrift heißt es lediglich: „... ein gütiges Schicksal [führte mich] nach Bad Boll im lieben Württemberg..., das mir zur zweiten Heimat wurde. Die Seele des großen Hauses, Pfarrer Blumhardt, deßen Helfen die Liebesfäden weit über Deutschland liefen, wußte auch mir festen Grund unter die lahm gewordenen Füße zu geben u[nd] meiner Seele neuen u[nd] beßeren Aufschwung."[6]

Walter Nigg, der 1988 verstorbene Zürcher Kirchenhistoriker, hat in der Blumhardt-Deutung »Rebellen eigener Art« den Aufenthalt Elses in Boll geschildert, bezeichnenderweise in dem Kapitel „Der Sünder Geselle". Nigg betont, daß Blumhardt keine Klassenunterschiede kannte: er „führte Gespräche mit unzähligen Menschen aus allen Kreisen.... Schon bei seinem Vater ereigneten sich leibliche Heilungen und beim Sohn nicht weniger."[7] Was darunter zu verstehen ist, benennt Bernhard Zeller weitaus nüchterner und deutlicher, wenn er feststellt, Blumhardt sei als Exorzist bekannt und mit Gebetsheilungen erfolgreich gewesen.[8] Nigg umgeht das und spricht allgemein davon, Blumhardt sei für eine „ganzheitliche Auffassung des Menschen eingetreten, [bei der Leib und Seele zusammengehören]... Doch trat er eines Tages nicht mehr für Heilungen ein, als er wahrnehmen mußte, daß es gar vielen Menschen allein um die leibliche Gesundheit zu tun war. Er wollte Bad Boll nicht in den Ruf einer Gesundbeter-Anstalt bringen."[9]

Wichtig wurde für Else von Ardenne, die „deutsche Dame,

die für einen Fehltritt überaus schwer büßen mußte"[10] – so Niggs bemerkenswerte Ausdrucksweise –, daß ihr Blumhardt vorurteilsfrei zuhörte: „Er sah hinter der Ehebrecherin den namenlos unglücklichen Menschen, der ihn um Hilfe bat. Es waren genug Steine auf sie geworfen worden; jetzt bedurfte die Sünderin [sic!] eines Menschen, der zu ihr stand. Dies tat Blumhardt vorbehaltlos. Elisabeth von Ardenne blieb einige Zeit in Bad Boll, bis sie dank Blumhardts helfenden Worten wieder festen Boden unter den Füßen fand. Nachdem er ihr das seelische Gleichgewicht und das Selbstvertrauen zurückgegeben hatte, faßte die Ausgestoßene wieder Zutrauen zu einem sinnvollen Dasein und entschloß sich, den Beruf einer Krankenschwester zu ergreifen."[11]

Die Darstellung Walter Niggs ist vor allem darauf abgestellt, Blumhardts Wirken zu würdigen. „Er hat ihr geholfen, sich in ihrem verfehlten Leben wieder zurechtzufinden, und dies ohne jede Moralpredigt! Christoph Blumhardt hat ihre Tragik durchbrochen, eine Tat, die in der sich christlich gebärdenden Gesellschaft nur ganz selten geschieht. Die Überwindung der Tragik ist nur durch das Evangelium möglich. Blumhardt verlor es keinen Augenblick aus den Augen, als er der Sünder Geselle wurde."[12] Diese verschwommene Schreibweise versagt vor der Lebensproblematik Else von Ardennes. Bei Nigg fehlt sowohl die autoritäre Fremdbestimmung durch die Mutter als auch das Alter, in dem Else damals stand. Sie war vierzehn Jahre alt, als ihr ein Mann zudiktiert wurde, den sie bald unmißverständlich wissen ließ, daß sie ihm mit deutlicher Abneigung gegenüberstand. Im Alter von siebzehn Jahren ließ sie sich durch die Kriegsausbruchsstimmung dazu hinreißen, gerade dem, für den sie nichts empfand, einen Bibelspruch zuzustecken. Ein Jahr später fand die offizielle Verlobung und im Januar 1873 die Hochzeit statt. Waren diese Voraussetzungen für die Ehe schon belastend genug, so wirkten Ardennes Temperament und seine Absichten, mit Hilfe der Verbindung zur Familie von Plotho seine gesellschaftliche Stellung zu festigen, die Karriere zu ermöglichen und zu sichern, zusätzlich negativ.

In dem Moment, als Hartwich, der Gegentyp zu Ardenne, die Szene betrat, wurden die Defizite in dem äußerlich harmonischen Zusammenleben der Eheleute unübersehbar. Else von Ardenne deshalb, weil sie sich Hartwich zuwandte, als Ehebrecherin hinzustellen und Emil Hartwich, dessen Namen unterschlagen wird, abschätzig als Liebhaber zu bezeichnen, ist nur aus einer sich als unangreifbar verstehenden Selbstgerechtigkeit möglich. Aus dieser Haltung heraus wählte Walter Nigg nach Maßgabe seines Verständnisses eine erbaulich-traktathafte Darstellungsform, hinter der die handelnden Personen bis zur Unkenntlichkeit verschwinden.

Else von Ardenne hat deutlicher als andere gewußt, wie sehr sie sich an Hartwichs Tod mitschuldig gemacht hatte. Mitschuldig insofern, als sie sich nicht entschieden genug der Ehe mit Ardenne widersetzt und später weder die Kraft noch den Einfluß hatte, den Zweikampf zu verhindern. Ob bei dem Entschluß zur Scheidung und dem Plan Hartwich zu heiraten, die Kategorien von Schuld oder Mitschuld tragfähig sein können, wirft die Frage auf, wie die Beteiligten die Ehe auffaßten. Daß Else und Hartwich sie nicht für unauflöslich hielten, steht außer Frage. Ebenso fraglos ist allerdings auch, daß sie nicht daran dachten, in einer nach damaliger Auffassung anrüchigen „wilden" Beziehung zu leben, in der das einzig Verbindliche das Unverbindliche gewesen wäre. Als Else von Ardenne nach Bad Boll kam, war ihr Heiratsplan gewaltsam zunichte gemacht worden. Sie stand vor dem Trümmerhaufen ihres Lebens. Über die Hilfe, die ihr Blumhardt zuteil werden ließ, schrieb Else später, sie verdanke seiner „kräftige[n] Führung lange Jahre eine[r] helfende[n] Leidensfreudigkeit".[13] Gerade diese Formulierung, aber auch andere Äußerungen, die nicht frei sind von frömmelnden Untertönen, zeigen die Wende Else von Ardennes. Eine Wende freilich, die weit davon entfernt war, in ständige Zerknirschung und in Depressionen zu münden, sondern zu dem Entschluß führte, aktiv zu leben und einen Beruf auszuüben. Else faßte diesen Entschluß selbst. Er wurde ihr nicht oktroyiert.

Nachdem sie in Bad Boll den Schweizer Pfarrer Otto Zellweger kennen gelernt hatte, ging sie mit ihm und seiner Frau nach Heiden ins Appenzellerland, absolvierte im Bezirkskrankenhaus eine kurze Ausbildung als Krankenschwester und kehrte nach Boll zurück. Dort lernte sie die Tochter der „Gräfl. Pücklerschen Familie... kennen... [Ich] zog zu ihnen in das von der Tochter gegründete kl. Sanatorium in Görbersdorf/Schlesien für ärmere Lungenkranke. Leider starb die Tochter Marie u[nd] die Familie gab es auf. Wie flehten mich unsere Kranken an, die Anstalt persönlich zu übernehmen. Wie anders hätte sich mein Leben gestaltet, persönlich leichter – vielleicht freier! Statt dessen warf ich mein Erbteil auf Bitten meines Bruders in den sich schon öffnenden Zerbener Abgrund. Wehmütigen Abschied nahm ich von den mir so sympathisch u[nd] lieb gewordenen Kranken.... So oft ich versuchte, selbst von Davos, Arosa [aus] zu ihnen zurück zu kommen, immer wurde der fast geschürzte Knoten durchschnitten." [14]

Elses besonderes Interesse galt nicht der allgemeinen Krankenpflege. In einer drei Seiten umfassenden, nur fragmentarisch erhaltenen Chronik, [15] die wahrscheinlich als Gedächtnisstütze für die autobiographische Niederschrift diente, tauchen ab 1890 des öfteren die Stichworte „Gemüthskranke" und „Nervenheilanstalt" auf. Und auf dem letzten Blatt ihrer Erinnerungen schreibt Else: „Mein gewiesener und angewandter Pflegeweg war u[nd] blieb... die Nervenpflege." [16] Dieser Hinweis wird bekräftigt durch ein Ärztliches Zeugnis aus dem Ernst Ludwig-Krankenhaus in Karlsruhe: „Frau von Ardenne war längere Zeit hindurch... einer hochgradig nervösen jungen Dame... als Begleiterin beigegeben. Durch ihr [Frau v. Ardennes] ebenso fürsorgliches, wie kluges u[nd] consequentes Benehmen unterstützte sie die sonstige Behandlung dieser Kranken auf die wirkungsvollste Weise. Es kann daher diese Dame zur Leitung resp. Beaufsichtigung ähnlicher oder wirklicher Geisteskranken auf das dringendste empfohlen werden, da sie dazu in hervorragender Weise befähigt ist. Dr. Ruppert" [17]

32 *Als Hilfsoberin vom 1. April 1889 bis 1. Mai 1890 im Asyl
Schweizerhof in Berlin tätig, erwarb sich Else von Ardenne
„die Zuwendung der ihr anvertrauten Patientinnen“, wie ihr
Dr. Laehr am 15. 9. 1891 attestierte.*

Weitere Dokumente belegen, daß Else von Ardenne mit
einer Patientin bei dem Schweizer Psychiater Ludwig Binswanger und im Asyl Schweizerhof in Berlin-Zehlendorf bei Dr.
Laehr tätig gewesen ist. Fontane scheint diese Lebensstation
gemeint zu haben, als er an Clara Kühnast schrieb, daß „die
wirkliche Effi ... als ausgezeichnete Pflegerin in einer größeren

33 Else (1. Reihe, Mitte) umgeben von Verwundeten und Mitschwestern.

Heilanstalt" arbeitet.[18] Von Beginn des Ersten Weltkriegs bis März 1915 war Else vorübergehend als Pflegerin im Lazarett in Bad Münster am Stein tätig und widmete sich danach über fünfzig Jahre lang der nervenkranken Margarethe Weyersberg, genannt Daisy. Deren Familie kam bis zu Elses Tod für Unterhalt und Wohnung auf, zuerst in Alsbach an der Bergstraße, später in Lindau.

In der fragmentarischen Chronik und in den autobiographischen Niederschriften finden sich neben Angaben zu den jeweiligen Tätigkeiten Stichworte zu Reisen. Demnach hielt sich Else in Zürich, Lugano, Arosa und Davos auf, fuhr nach Zerben, Wiesbaden, Jena und Italien und verbrachte kurze Zeit sogar in London. Nicht nur solche der Erholung und dem Kennenlernen fremder Städte und Gegenden dienenden Ortsveränderungen sind überliefert. Else von Ardenne war 1890 auch beim Kölner Karneval.[19]

Den Abstecher zum rheinischen Maskentrubel hat Else von Ardenne in ihren Erinnerungen übergangen; in den erhaltenen

177

Briefen fehlt ebenfalls jeder Hinweis darauf. Das mag daran liegen, daß der Besuch in Köln unbedeutend war. Möglicherweise wollte Else aber auch keine Angriffsflächen bieten. Die seit knapp drei Jahren schuldig geschiedene, von ihren Kindern getrennte Frau, deren Mann seinen Kontrahenten getötet hatte, weiß ihre Zeit nicht besser zu verbringen als im Narrentreiben am Rhein? Wer weiß, welche Schlüsse daraus gezogen werden, welche Gerüchte das freisetzt. Zumal in der Chronik vermerkt ist, Else sei „mit Oberst von Wulffen" in der Domstadt gewesen.

Daß Else von Ardenne alles andere als eine schnell ihre Vergangenheit abstreifende Frau gewesen ist, zeigen zwei Briefe von Julius Michels, einem Bekannten aus Berlin. Aus dem Schreiben vom 10. Dezember 1888 geht hervor, daß sie sich im Herbst an ihn gewandt hatte, um zu erfahren, wo Emil Hartwichs letzte Ruhestätte sei. Nachdem Michels entsprechende Erkundigungen eingezogen hatte, antwortete er, Hartwichs Grab befände sich in Friedersdorf/Kreis Lauban: „Ich glaube nun sicher, daß... eine Reise dorthin Ihnen Ihren Wunsch erfüllen dürfte." Wenn dies auch durch keine unmittelbar überlieferte Äußerung Elses belegbar ist, dürfte doch klar sein: sie wollte in aller Stille von Hartwich Abschied nehmen, ein Wunsch, der ihr vor dem Duell verwehrt worden war.

Darüber hinaus hatte sich Else nach Hero Hartwich erkundigt und erfuhr von Michels, ihr und den Kindern gehe es gut; sie habe „von ihren Freunden seit dem unglücklichen Ereignis viel Gutes erfahren können."[20] Fünf Jahre später, am 20. Oktober 1893, teilte Michels mit, inzwischen sei der älteste Hartwich-Sohn gestorben und Hero „sehr gebrochen und ernst geworden... Sie war kürzlich in Berlin, hat dort ihren nicht gut in der Schule vorwärts kommenden zweiten Sohn Anna vom Rath übergeben."[21]

In dem Brief von 1888 würdigt Michels den verstorbenen Hartwich als einen klarsichtigen Mann, der vieles, für das er eingetreten war, vorausgesehen habe: „...und wenn ich für meinen Freund damals vor zwei Jahren kämpfte, ohne die

178

Menschen überzeugen zu können, so haben die Ereignisse doch einen gewißen Wandel zu Gunsten Hartwichs's hervorgerufen und das muß Ihnen wenigstens einen kleinen Trost in Ihrem unendlichen Leid geben.

Ich freue mich von Ihnen zu hören, daß Sie, soweit es die Verhältnisse erlauben, zufrieden sind und Sie in der Pflege unglücklicher Menschen Trost u[nd] Frieden gefunden haben. Ich wünsche Ihnen, ärmste Frau, noch ferneres Wohlergehen, nicht weil das Geschick Sie mit demjenigen meines Freundes verkettete, sondern weil ich für Sie tiefstes Mitleid empfinde."[22] Ein höchst bemerkenswertes Schreiben, in dem Michels sein Beileid nicht der Witwe ausdrückt, sondern, wenn auch verspätet, Else von Ardenne.

Über die Jahre nach den Aufenthalten in Bad Boll und Heiden bis zur Begegnung mit Daisy Weyersberg ist nicht mehr überliefert als der bereits in Stichworten zusammengefaßte Berufsweg. Walter Nigg weiß noch zu berichten, mit Christoph Blumhardt sei Else bis zu dessen Tod 1919 „in nie versiegender Dankbarkeit verbunden" geblieben. Dabei stützte er sich offenbar auf Recherchen, die ihm das Landeskirchliche Archiv in Stuttgart oder Werner Jäckh, der Verfügungsberechtigte über den Blumhardt-Nachlaß, ermöglichte. „Stets legte sie [Else von Ardenne] ihm [Blumhardt] ihre Lebensprobleme vor."[23] Nigg beläßt es bei diesem spärlichen Hinweis. Eine Anfrage in Stuttgart hat ergeben, daß im Landeskirchlichen Archiv 16 Blumhardt-Briefe aus den Jahren 1891 bis 1895 an Else von Ardenne aufbewahrt werden, die jedoch bis 2019 sekretiert sind.[24] Der Versuch, für diese Lebensbeschreibung eine Sondergenehmigung zu erhalten, ist daran gescheitert, daß der Verfügungsberechtigte über den Blumhardt-Nachlaß die Bitte um Einsicht in die Briefe antwortlos überging. Das ist ebenso schwer verständlich wie bedauerlich, denn gerade die Verbindung Else von Ardennes zu Blumhardt ist so gut wie nicht dokumentiert. Wie sie ihrem Mentor ihre Probleme und Sorgen vortrug, welche Ratschläge er erteilte, welcher Argumente er sich bediente, und vor allem: wie er ihr schrieb, welche Ausdrucksweise ihm dafür am besten erschien, muß im Dunkel bleiben. Die unbegründete Weigerung, in Blumhardts Briefe Einblick nehmen zu können, hinterläßt eine Lücke, die selbst ansatzweise nicht zu schließen ist und bis 1904 reicht.

1887 hatte Armand von Ardenne durch seinen Anwalt – und auch im persönlichen Gespräch – das Versprechen abgegeben, Else werde der Zugang zu den Kindern nicht verwehrt. Ein bindendes Abkommen wurde darüber jedoch nicht getroffen. Was vorauszusehen war, trat ein: der unbeugsam auf seinem Rechtstitel bestehende Ardenne hielt sich nicht an seine Zusage. Erst sechzehn Jahre später kam es zur ersten Begegnung zwischen Else und ihrer Tochter Margot Langsdorff, und die Mutter drängte darauf, daß auch der Sohn Egmont und die Enkelkinder in die Familienzusammenführung einbezogen wurden. Anstatt dies auf eigene Faust in die Wege zu leiten, schrieb Else am 18. Juni 1904 an ihren geschiedenen Mann:

„Dank Margots treuer Liebe zu Dir versuche ich jetzt in des Kindes Sinn u[nd] Recht Dich noch einmal an Dein mir freiwillig gegebenes Versprechen in den schwersten Tagen unseres Lebens zu erinnern: Ich aber werde dafür sorgen, daß Du die Kinder immer siehst u[nd] sie nur liebenswertes von Dir hören.

Jetzt nach 16 Jahren sehnsüchtig u[nd] geduldigsten Wartens vor Gott, aus dessen Hand ich dankbaren Herzens endlich das Herz meiner Margot zurückerhalten erinnere ich Dich noch einmal an Dein Versprechen.

Weßhalb müßen bis in unser hohes Alter hinein unsere Kinder u[nd] nun auch ihre Kinder so schroff unter der Tragik unseres Lebens leiden?

Um meine Schuld ihnen gegenüber nicht noch zu vergrössern u[nd] einschneidender zu machen in ihr persönliches Dasein, zog ich mich bei Deiner Bitte: ihre armen schwachen Kinderherzen erst mal zur Ruhe kommen zu lassen u[nd] den Conflict nicht zu verschärfen im Glauben an Deine letzten Worte still u[nd] klaglos zurück. Dank meines Lebenslehrer[s] Blumhardt lernte ich die Schuld in allen Lebenslagen nur in mir suchen u[nd] sehen u[nd] wurde so vor aller Bitterkeit des Herzens

34 *Fünfzig Jahre lang widmete sich Else von Ardenne der nervenkranken Margarethe (Daisy) Weyersberg (links). Daisys Familie kam bis zum Tod von Else für deren Wohnung und Unterhalt auf.*

bewahrt. Lernte der Menschen Thun übersehen u[nd] nur eines Gottes Gerechtigkeit in jedes Menschen Leben erkennen – aber auch seine Vaterliebe. – Nach dem langen u[nd] einsamen Kampf meines Lebens hätte ich, wenn auch mit stets hoffendem Sinn, doch auch den Rest meines Lebens mit ruhigem u[nd] festen Herzen durchlebt. Gott Lob hat das Glauben ein Ende u[nd] ich habe meine Margot schauen dürfen u[nd] das erste so oft unter Schmerzen u[nd] Angst ersehnte Ersehen u[nd] Zusammensein hat über Hoffen u[nd] Erwarten harmonisch u[nd] wohlthuend sein dürfen, wie ich es bei der Schroffheit unserer Trennung nie für möglich gehalten.

Weßhalb soll nun auch das Leben der Kindeskinder mit in unser Leid u[nd] unsere Lebensbitterniß gestellt werden? Margot mit ihrem weichen zärtlichen Herzen u[nd] Gemüth leidet für sie, sich u[nd] mich darunter, was unmöglich Deine Vaterliebe will.

In unserer Zeit, wo das Recht der Persönlichkeit sich so scharf geltend macht, schneidet ein Satz aus Margots Brief mir besonders tief ins Herz: »Ich muß Dir sagen, daß ich diese Woche so ganz besonders bitter empfunden habe, daß ich nicht sagen konnte ›bitte liebe Mutter, komm zu mir. Ich kann einmal sterbenskrank sein u[nd] darf Dich wohlmöglich nicht bei mir haben.‹ Gott gebe daß sich alles mit der Zeit noch besser fügt.«

Jetzt wo ich endlich persönlichen Zusammenhang mit Marg. bekommen, kann auch der persönliche Einfluss nicht wegfallen. Deshalb lieber Ardenne laß uns endlich Frieden schließen, wir wißen Beide nicht, wie kurz unser Lebensfaden uns noch gesponnen ist. Haben wir Beide uns leider nicht viel Gutes u[nd] Liebes anthun können, wollen wir doch nicht die Schuld im bösen Willen suchen, der mir, bei Gott, nie gelegen.

In unseren Kindern muß aber doch alles kleinlich engherzige Denken u[nd] Fühlen fort fallen u[nd] wir Beide, können uns nur freuen u[nd] zusammenfinden, wie u[nd] wo es gilt, ihnen Liebe u[nd] Hilfe so weit sie überhaupt in unsere Macht gelegt ist, zu geben. Gieb jetzt großmütig u[nd] klug, was leicht sonst das Leben Dir aus der Hand winden dürfte. In unserer hellen durchsichtigen Zeit, ist es fast eine Unmöglichkeit meinen Enkeln mit der Zeit meine Existenz verheimlichen zu wollen. Haben unsere Kinder nur bewußt als Opfer unseres Lebens leiden müssen, weßhalb soll auch noch das Leben ihrer Kinder vergiftet werden u[nd] zwar durch einen ungekannten geheimen Schatten?

Ich weiß daß Du meinen schwer errungenen Standpunkt nicht teilst, ich aber habe Margot nach 16 Jahren der schwersten Lebenswehen aus Gottes Vaterhand geschenkt bekommen u[nd] gewonnen. So wie Er die Sünde da hinein wirft, wo sie am Tiefsten ist, im göttlichen Gegensatz zu armen kleinen Menschen so giebt auch Er nie, um zurück zu nehmen, hat man sein Geben u[nd] Nehmen erst mal erkannt.

Noch eins Deiner letzten Worte ist mir immer im Gedächtnis geblieben: ich will Dein bester Freund werden; mach es jetzt an unseren Kindern wahr! Erfülle ein Manneswort u[nd] laß uns Beide in unseren Kindern wie Kindeskindern werden u[nd] glücklich machen.

In diesem ihrem Lebenswunsche grüßt Dich von Herzen die Mutter Deiner Kinder"[25]

Dieser Brief dokumentiert vor allem Elses starkes Selbstbewußtsein: nachhaltig macht sie ihren geschiedenen Mann darauf aufmerksam, jeder Mensch habe das Recht, seine Persönlichkeit zu entfalten. Damit kritisiert sie scharf Ardennes selbstherrliches Verhalten, das dazu geführt hatte, daß seiner Frau die Kinder entfremdet worden waren. Jetzt aber waren sie erwachsen genug, um in eigener Verantwortung darüber entscheiden zu können, wem sie sich zuwenden wollten. Else spricht zwar ausdrücklich davon, mit Ardenne Frieden schließen zu wollen, erlaubt sich aber die Bemerkung: „Erfülle Dein Manneswort..."

Besonders über diese freimütige Aufforderung dürfte Ardenne empört gewesen sein, doch er schwieg dazu. Seltsamerweise machte sich nun die Tochter zum Werkzeug des Vaters. Am 27. Juni 1904 unterrichtete sie die Mutter darüber, der Vater sei „schwer verletzt... und verbat sich jede weitere Zeile

von Dir"; er spreche von Verrat; dadurch sei ihre – Margots –
gute Beziehung zum Vater getrübt. Komplikationen größeren
Ausmaßes schienen bevorzustehen. Margot, die es weder mit
dem Vater noch mit der Mutter verderben wollte, aber trotz
des enthusiastisch begrüßten Wiedersehens zu Else noch keinen rechten Zugang gefunden hatte, lavierte zwischen den Fa-
milienfronten und wußte sich nicht anders zu helfen, als aus der
elterlichen Problematik auszusteigen: „Ihr seid Beide wohl er-
bittert gegen einander, doch das sind keine Dinge für Eure Kinder, wenigstens wollen wir versuchen, sie zu ignorieren u[nd]
Jeden für sich gern zu haben."[26] Gegen diese – zumindest ver-
bal geäußerte – Bereitschaft verstieß Margot noch im gleichen
Brief eklatant.

Armand von Ardenne hatte in zweiter Ehe (am 4.5.1888)
Julia Peters geheiratet, eine Frau, die wie ihr Mann geschieden
war. Margot Langsdorff kannte Julia, die sie »Mama« nannte,
gut und fühlte sich berufen, deren Ruf zu retten:

„Sie weiß, [daß] sie von Dir u[nd] den Deinen [der Plotho-
Familie] beschuldigt wird, vor der Ehe mit dem Vater ein Verhältnis gehabt zu haben. Daß das nicht wahr ist, davon bin ich,
wie ich Dir ja schon sagte, so überzeugt, wie von meinem Leben. Wenn von mir so etwas gesagt würde, ungerechterweise,
würde ich es auch nie verwinden können, zumal wenn diese
schweren Anklagen niemals zurückgenommen würden.

Liebe Mutter, Du bist zu gerecht, um das nicht einzusehen;
auch war es mir seither schon immer schmerzlich, daß Du nie
bei Teddy [Langsdorff] oder mir, diese schwere Anklage zu-
rücknahmst. Jedenfalls wirst Du mir zugestehen, daß ich die
Mama nach 7jährigem Zusammenleben besser kennen muß,
wie Du. Sie ist keine verstockte Natur, u[nd] leicht zu kennen.
Ich bin ganz überzeugt, sie wäre nie fähig gewesen, ein Verhältnis zu haben. Sie hat Dich niemals in häßlicher Weise bei uns
[...] davon erwähnt, u[nd] das war doppelt dankenswert in ihrer
Lage, wo sie so schwer in ihrem Ruf gekränkt war durch Dich.
Diese Gründe vom Vater muß ich gerechterweise anerkennen,
auch sonst habe ich ohne Furcht und ohne Bitterkeit Vieles

mit ihm durchgesprochen; ich will auch weiterhin ganz nach meinem Gewissen handeln u[nd] versuchen, soweit ich als Mensch es kann, gerecht zu bleiben."[27]

Ob die Vermutungen über Julia von Ardenne den Tatsachen entsprachen oder aus der Luft gegriffen waren, ist hier unerheblich. Zum unpassensten Zeitpunkt wärmte Margot Langsdorff alte Geschichten auf, schob sie der Plotho-Familie und ihrer Mutter in die Schuhe und schwang sich zu deren Anklägerin auf. Dabei dürften die Redereien über Julia nur ein vorgeschobener Anlaß gewesen sein. Denn treffen die Vorwürfe gegen Julia nicht auch auf Else von Ardenne zu? Hatte sie als junge Frau nicht auch ein »Verhältnis« gehabt? Fragen, die in dem Brief unausgesprochen bleiben, die aber für Margot Langsdorffs Wesen bestimmend geworden sind und sie nicht gleichgültig ließen. – Wie einer Notiz Elses am Ende des Briefes zu entnehmen ist, hat sie die Ausfälle der Tochter zur Kenntnis genommen, – mehr nicht.

Else kam es jetzt auf Wichtigeres an: sie wandte sich dem Sohn Egmont zu und nahm Verbindung zu dessen Familie auf, was prompt Margot auf den Plan rief: es wäre klüger gewesen, „wenn Du mich ins Vertrauen gezogen hättest, [ich] hätte Dir abgeraten, jetzt schon zu schreiben. Arme Mutter,... [ich] sehe noch keinerlei Lichtblick."[28] Der kam erst 1909. Matthias Mutzenbecher, Egmonts Schwiegervater, arrangierte – wiederum gegen Ardennes Willen – diese „Wiedervereinigung". Überschwenglich dankte Else ihren Kindern, die sie in Hamburg besucht hatte:

„Meine geliebten Kinder –

bei dem großen Glücksbewußtsein das ich mir unserem Abschied zum Trotz von Hamburg mitgenommen, war mir Eure liebe Karte den nächsten Tag unendlich viel wert. Sie bestätigte mir schwarz auf weiß, daß alle Empfindung, die so leicht auf eine einseitige Täuschung herausläuft, volle schöne Wahrheit ist, weil meine Liebe in Euren Herzen ein kräftiges Echo gefunden.

Ihr habt ja gar keine Ahnung, was das für mein Leben bedeutet. Alles Schwere, Niederdrückende, Traurige ist dadurch aus dem Leben [?] getrieben... Wie oft sehe ich Euch plötzlich vor mir, höre Euch u[nd] Eure geliebten Kinder; dringt hier mal ein feines kleines Stimmchen zu mir, denke ich, es muß die kleine Süße sein u[nd] springe auf. Aber bei all dem lebhaften mit Euch Weiterleben, braucht Ihr Geliebten keinen Moment eine torhafte weichliche Liebe u[nd] Sehnsucht [zu] fürchten. Ich habe es gelernt, über Zeit u[nd] Raum zu lieben u[nd] zu besitzen, dieses feste Hinstehen hilft mir auch jetzt mit frohem Mut u[nd] Dankbarkeit Eurer zu gedenken.... Aus diesem reichen Glück..., das mich fest mit Euch verbindet, bitte ich Dich noch einmal schriftlich, mein geliebter [Sohn], handle nicht schroff nach der anderen Seite. Unser von mir so ersehntes, wie doch aber auch gefürchtetes Wiedersehen durfte so selten harmonisch ein u[nd] ausklingen, daß ich nur Gottes Willen u[nd] Weg daraus erkenne. Da hinein dürfen wir nun keine menschlichen Engherzigkeiten u[nd] Schroffheiten bringen, es ist etwas zu Großes u[nd] muß als ein Gotteswerk weiter laufen....

Und meine Dela, die mir *so* nah u[nd] lieb geworden... Als ob ich bei Euch wäre, so greifbar sehe ich Dich... Auch ohne viel Worte... wißen wir, daß wir uns lieben u[nd] verstehen gelernt. Daß aber danke ich Dir heute von ganzem Herzen, das Dir gehört mein geliebtes Kind....

Eurem lieben Vater schreibe ich demnächst...[29]

Zum Schluß fangt Euren hellen huschenden Sonnenschein auf einen Augenblick ein u[nd] küßt ihn innig von mir, bei der Kleinen tut es meine Dela von selbst wenn sie sich mich, liebend u[nd] bewundernd zur Seite wünscht.

Euch beiden aber gehört das Herz u[nd] Lieben

Eurer Mutter"[30]

Die Bedenken, mit denen Margot gegen die Reise nach Hamburg versucht hatte zu intrigieren, waren hinfällig geworden. Bis zu Elses Tod hat besonders ihr Kontakt zu Egmont und Dela von Ardenne sowie zu deren Kindern Bestand gehabt. Und es war die Schwiegertochter, die Else über das Ster-

35 Die 58jährige Else von Ardenne.

ben Armands informierte: „Die Nachricht von Papa's Tode wird auch Dich sonderbar berührt haben. Egmont tut äußerlich ganz unberührt, und doch merke ich durch Fragen etc., daß er eigentlich nichts anderes sinnt und denkt. Es ist etwas so Tragisches, ein Hinsterben ohne Versöhnung. Egmont hat's versucht, und in den letzten Stunden, wo er nicht mehr klar war, versperrte die andere den Weg. Egmont will mit Sandro zusammen heute zur Feier ins Crematorium gehen. Für den Vater ist es gut, daß Gott ihn fortnahm aus all dem Elend und Leid, er wird jetzt erfahren, was Friede ist. Mir tut ja auch Mama [Julia] so unaussprechlich leid. Wir können den Gedanken nicht los

187

werden, daß ihre Tochter sie ohne genügenden Grund in die Irrenanstalt tat, um sich ihrer zu entledigen."[31]

Armand von Ardenne, der am 20. Mai 1919 gestorben war, hatte in seinen letzten Lebensjahren wieder als Militärschriftsteller gearbeitet,[32] nachdem er den Unwillen von Wilhelm II. erregt hatte und vorzeitig verabschiedet worden war. Über die Hintergründe berichtet Hans Dominik, der Autor viel gelesener technischer Zukunftsromane, in seinen Erinnerungen »Vom Schraubstock zum Schreibtisch«: „Es war im Februar 1906 im Landesausstellungspark am Lehrter Bahnhof [wo die Automobilausstellung stattfand]. Ich befand mich gerade auf dem Stand der Opelwerke, als der Kaiser mit Gefolge erschien... Auf dem Stand der Rheinischen Metallwarenfabrik erblickte er einen Panzerwagen mit einer Ballonkanone und steuerte darauf zu. Da sah er neben der Kanone ihren Konstrukteur, den Geheimrat Ehrhardt, ... drehte mit einem Ruck ab..., um dann schnell weiterzugehen.... eine rein technische Angelegenheit hatte den Grund dazu abgegeben.

...Ehrhardt hatte sich... nicht darauf beschränkt, Geschütze der hergebrachten Art [wie sie bei Krupp gebaut wurden] zu erstellen, sondern er hatte auch sofort sehr energisch das Problem in Angriff genommen, wie man den beim Abfeuern eines Geschützes auftretenden Rückstoß unschädlich machen könne, und hatte als erster ein Rohrrücklaufgeschütz in Verbindung mit einer die Rückstoßarbeit vernichtenden Flüssigkeitsbremse entwickelt. Das Verhältnis zwischen [Ehrhardt und der Rheinischen Metallwarenfabrik einerseits und Krupp andererseits]... war infolge dieses Wettbewerbes einigermaßen gespannt, und der Kaiser nahm für die älteste und größte Waffenschmiede Deutschlands, für das Krupp-Werk, gegen Ehrhardt Partei....

Herr von Ardenne... hatte eine Batterie von Ehrhardt-Geschützen zur Erprobung bekommen und gab darüber einen Bericht, der naturgemäß nur lobend ausfallen konnte. Darauf stellte ihn der Kaiser mit den Worten: »Sie wissen doch, Exzellenz, daß ich nichts von diesen Geschützen halte.« Ardenne erwiderte: »Es war meine Pflicht, Majestät, über meine eigenen Erfahrungen zu berichten, und das habe ich getan.« Darauf sah ihn der Kaiser starr an, drehte sich, ohne ein Wort zu sagen, um und ging fort. Drei Monate später hatte... Ardenne seinen Abschied und wurde auch während des Weltkrieges nicht reaktiviert."[33]

In den erhaltenen Briefen an und von Else von Ardenne steht Persönliches im Vordergrund. Man tauscht Grüße und Glückwünsche zu Geburts- und Festtagen, erkundigt sich nach dem gesundheitlichen Befinden, teilt Neues über Verwandte und Bekannte mit und beklagt die Entfernung zwischen Hamburg oder Berlin und Lindau. Politische Themen kommen nur am Rande zur Sprache, nur dann, wenn dies die jeweiligen Ereignisse nahelegen. „Die böse Ferne," schreibt Dela von Ardenne im Mai 1919, „macht sich in diesen bösen Zeiten doppelt unangenehm bemerkbar. Dir selbst kann man ja aber nichts Schöneres wünschen, als dort inmitten der herrlichen Natur zu leben. Mit banger Sorge, was wird? sieht man den nächsten Tagen entgegen. Unser armes Vaterland! Wenn wir nur die Kraft zum ›nein‹ sagen haben würden."[34]

Nachdem bei der Wahl zum Reichspräsidenten am 10. April 1932 Hindenburg im zweiten Wahlgang mit 53% der Stimmen über Hitler (36,8%) gesiegt hatte, nimmt Else in einem Brief an den Enkel Gothilo darauf Bezug: „Der herrliche Hindenburgtag bleibt gewiss eine Deiner schönsten Erinnerungen unseres verflossenen Jahres. Möchte es Vielen so gehen, u[nd] die nächste Wahl, mit all ihren schwerwiegenden Folgen, ihm wie unserem Volke ein Vorwärts wie Aufwärts bringen. Hohe Zeit ist es, dass es sich endlich auf sich selbst besinnt u[nd] endlich erkennt, dass Vaterland u[nd] Parteien ein klaffender Abgrund ist. Möchtet endlich Ihr diesen deutschen Fehler erkennen u[nd] dadurch erst ein wahres Vaterland gewinnen u[nd] dafür einstehen lernen. In welche Aufregungen und Zerrbilder wird die letzte Wahlwoche Euch Berliner wieder reissen; wie viel unnöthiges Unglück wieder schaffen. Ich wünsche den Tag mit all seinen widersinnigen Opfern erst vorüber."[35]

36 *Else am Sekretär in ihrem Domizil Hochbuch/Lindau.*

Zwei Jahre später, im März 1934, sind die Klagen und das Unverständnis über die Verhältnisse in der Weimarer Republik verstummt. Wie Millionen andere scheint sich Else mit der neuen Zeit abgefunden zu haben, freilich auf ihre Weise. Der Einfluß, den der seit langem verstorbene Christoph Blumhardt auf sie ausgeübt hatte, kommt wieder zum Vorschein, wenn sie an den Enkel Gothilo schreibt, „keinem armen Erdenpilger [bleiben Stunden des Unglaubens, der Mutlosigkeit] erspart; der echte Glaube muß von Jedem erkämpft werden. Euch Jugend fällt aber die ganz große Aufgabe zu, ganz besondere Streiter Gottes zu sein, nicht im faden Wortgefecht, wohl aber im mannesmutigen Feststehen u[nd] Festhalten der Krone, die vor Gott allein gilt. Daß Du Dir die erkämpfst u[nd] festhälst, bis in den letzten Kampf hinein wünscht Dir... Deine Großmutter."[36]

Was sich hier andeutet, kommt vier Jahre später voll zur Geltung. Seit der Mai-Krise 1938 war Deutschland an den Rand eines Krieges geraten. Als sich die Situation zuspitzte und Hitler der Münchener Konferenz zustimmte, die mit dem Münchener Abkommen endete, atmete die Welt auf. Es war gelungen, das Sudetengebiet mit über 28 000 Quadratkilometern und 3,6 Millionen Einwohnern Deutschland zuzuschlagen, – ohne Gewaltanwendung. Nicht nur in Deutschland war man erleichtert. Der britische Premier fand dafür die Formel „Peace for our time." Menschen mit den Überzeugungen und der Denkungsart einer Else von Ardenne faßten die Ereignisse als von Gott gelenkt auf. Der fünfundachtzigjährigen Adeligen, die im Königreich Preußen geboren war, die das Aufblühen und den Niedergang des Kaiserreichs erfahren, der Republik mit Skepsis und Abneigung gegenübergestanden und bewußt mehrere Kriege mit erlebt hatte, dieser Frau, die durch ein schweres persönliches Schicksal zur Religiosität gefunden hatte, erschien „unser Führer als ein Werkzeug Gottes, das dazu ausersehen ist, mit seinem deutschen Volk Wegbereiter für die neuen Wege u[nd] Ziele zu sein, [das] ist ein großes Gottesgeschenk. An uns ist es nun, Gottes Wille [zu] erkennen u[nd]

Seinen Weg getreu u[nd] getrost [zu] gehen u[nd] dadurch Hitler die sicherste u[nd] beste Gefolgschaft zu leisten.

Den 4 tapferen Männern [Hitler, Mussolini, Daladier, Chamberlain, die das Münchener Abkommen unterzeichnet hatten] sind wir mit der Seele dankbar, die den Augenblick erkannt u[nd] erfaßt haben, möchten sie gestützt werden in allen Nationen durch Menschen guten Willens; durch Friedensmenschen."

Diese Zeilen sind wiederum an Gothilo gerichtet, der damals am Beginn seiner Offiziersausbildung stand. Als habe sie geahnt, was dem Enkel bevorstand, der knapp ein Jahr später vor Warschau gefallen ist, fürchtete Else, „Ihr armen Heißsporne werdet... noch manche blutige Fehde auszukämpfen haben. Jede Mutter, die jetzt ihren Sohn zum Opfer dabei bringt, wünsche ich den Seherblick, der durch die harte Gegenwart die beßere Zukunft aufbrechen fühlt."[37] Damit wird der zu Anfang bezeugte Enthusiasmus für Hitler relativiert. Die Sorge um das Wohlergehen eines jungen Verwandten gewinnt die Oberhand, und es hat den Anschein, als seien die Elogen auf den „Führer als ein Werkzeug Gottes" eine Art Pflichtübung gewesen, um den Enkel nicht zu entmutigen. Else von Ardenne dachte zu patriotisch, als daß sie nationalen Stimmungen nicht nachgegeben hätte. Andererseits war sie von einer Lebensauffassung bestimmt, die in protestantisch-preußischer Thron- und-Altar-Religiosität verankert war und die Else auch dann nicht aufgab, als der Thron längst gestürzt war und die Altäre geschändet wurden.

Seit der Wiederbegegnung mit ihrem Sohn und dessen Frau nahm Else von Ardenne den Platz einer Patriarchin im Kreis der Familie ein. Persönliche Begegnungen konnten ihres hohen Alters und der weiten Entfernungen wegen nur selten stattfinden. Um so nachhaltiger sind die Eindrücke bei denen geblieben, die zu den Weihnachtstreffen in Berlin zusammenkamen: „Da saß sie dann am zweiten Weihnachtstag in einem Lehnstuhl wie der Alte Fritz, so nannten wir sie damals", erinnert sich Wolfgang von Plotho, „und hörte sich die Gespräche der Jugend an. Aber sie hat kaum etwas dazu beigetragen. Von ihrem eigenen Erleben hat sie kein Wort gesagt."[38] Und die Enkelin Renata von Ardenne ergänzt: „Für uns war sie die sehr geliebte Großmutter. Niemand von uns hat sie die »Effi-Briest-Großmutter« genannt. Das alles kam erst viel später."[39]

17
Lebenslängliche Liebe

Weder in ihren autobiographischen Aufzeichnungen noch in ihren Briefen hat Else von Ardenne die Namen Theodor Fontane oder Friedrich Spielhagen erwähnt. Zu denen, die „eine Geschichte nach dem Leben"[1] geschrieben hatten, hielt sie Distanz. Denn auch die künstlerische Aus- und Umgestaltung und die geographische Transponierung vom Rhein nach Pommern änderten für sie nichts daran, daß das literarisch verfremdete Leben der Effi Innstetten, geb. von Briest im Kern und in der Substanz das Leben der Baronin von Ardenne, geb. Edle und Freiin von Plotho-Zerben blieb, dessen Einzelheiten sie bis ins hohe Alter für sich behielt. An dieser Haltung hat auch nichts zu ändern vermocht, daß im Gegensatz zu Spielhagens »Zum Zeitvertreib« Fontanes Buch literarisch ersten Ranges ist. Die Frage, ob Else von Ardenne »Effi Briest« gelesen hat, beschäftigte schon Fontane: „...die Heldin lebt noch", schrieb er im November 1895 an Marie Uhse, „Ich schrecke mitunter bei dem Gedanken, daß ihr das Buch – so relativ schmeichelhaft die Umgestaltung darin ist – zu Gesicht kommen könnte."[2] Nach allem, was aus den archivalischen Quellen und den Mitteilungen aus den Familien von Ardenne und von Plotho geschlossen werden kann, war Fontanes Befürchtung grundlos.

Spielhagen und Fontane haben keinen Hehl daraus gemacht, welchen Stoff sie aufgegriffen hatten. Am 20. Februar 1896 gab Spielhagen seinem „sonderbare[n] Gefühl" Fontane gegenüber Ausdruck: „wir haben aus derselben Quelle geschöpft... unser beiderseitiges Motiv ist dieselbe Ehetragödie, die... in Folge der gesellschaftlichen Stellung der betr. Personen eine ziemliche Notorietät erlangte."[3] Fontanes Antwort vom 21. Februar wurde bereits zitiert, in der es heißt, der Geheime Rat Adler habe die Ardenne-Geschichte „'rausgewittert". Mit anderen Worten: die Sache war durchgesickert. Und wer sich eingehender informieren wollte, konnte das nach Fontanes Tod tun, als die ersten Briefsammlungen 1905 und 1910[4] erschienen, als 1912 Helene Herrmanns Studie herauskam[5] und 1919 Conrad Wandrey sein Fontane-Buch publizierte.[6] Die Beschäftigung mit diesen Veröffentlichungen setzt allerdings Spezialinteressen voraus, die nur bei Literaturbesessenen anzutreffen sind. In den Familien von Plotho und von Ardenne war das nicht der Fall. Wolfgang von Plothos Großvater, der eine Familiengeschichte veröffentlichte,[7] erwähnt Elses Schicksal mit keiner Zeile. Erst durch Hans Werner Seifferts Dokumentation (1964) und nachdem im Genealogischen Handbuch 1979[8] unter drei Photos von Else der Zusatz „Theodor Fontane's »Effi Briest«" angebracht war, erfuhren die Plothos Einzelheiten. „Und meine Mutter schüttelte nur den Kopf", so Wolfgang von Plotho.[9]

In der Ardenne-Familie lagen die Verhältnisse ähnlich. Niemandem wäre eingefallen, Else auf »Effi Briest« anzusprechen. Doch 1939, als die erste Verfilmung mit Marianne Hoppe unter der Regie von Gustaf Gründgens uraufgeführt wurde, kam es nicht nur zu Gesprächen im Familienkreis, Else las sogar die Kritiken in den Zeitungen.[10] Dabei wird ihr erneut bewußt geworden sein, daß sie Hartwichs und ihr eigenes Schicksal herausgefordert hatte, und sie weigerte sich, auf der Kinoleinwand ihrer Lebensgeschichte und sich selbst wieder zu begegnen, noch dazu, weil der Film den Titel »Der Schritt vom Wege«[11] trug, der ihr, Realität hin, künstlerische Umgestaltung her, denn doch zu anzüglich vorgekommen sein mag.

Hat sich Else von Ardenne gänzlich von ihrer Vergangenheit abgewandt? Sie nie mehr erwähnt? Im Nachlaß ist ein von ihr beschriebenes Blatt mit den folgenden drei Strophen erhalten:

„Wenn zwei Menschenherzen wähnen
daß sie sich so ganz verstehn,
Wenn mit nie begriffnen Sehnen
sie sich in die Augen sehen.

Wenn das Herz an ewge Freuden
An das Paradies gedacht
Und das Denken an ein Scheiden
Uns zum ärmsten Mann gemacht.

Ach dann tritt mit rauhem Fuß
Schnell, des Lebens Ernst herbei
Und ein flüchtger Scheidegruß
Bricht das ganze Glück entzwei."[12]

Über die Qualität dieses Gedichtes braucht hier kein Wort verloren zu werden. Wichtig ist nur: Else von Ardenne hat die Verse abgeschrieben. Wahrscheinlich kannte sie sie sogar auswendig. Aber das Gedächtnis alter Menschen kann unzuverlässig werden. Sie vergessen manches. Doch diese Strophen wollte Else nicht vergessen. Wann immer ihr danach zumute war, wollte sie sie memorieren oder aus der Schublade hervorholen und lesen.

Das Gedicht trägt keine Überschrift. Wäre sie vorhanden, könnte sie »Zerbrochenes Glück« oder »Abschied« lauten. Somit wird klar, an wen Else von Ardenne dachte, als sie die Abschrift anfertigte. Letzte Zweifel räumt eine Zeile aus, die Else unter dem Text anbrachte: „Benrat[h] Sommer 1882".

Um die Frage zu beantworten, von wem das Gedicht stammt, muß noch einmal auf Franz Schellens zurückgegriffen werden. Er gibt an, daß Hartwich die Verse „etwa 1878 schrieb, als ihn eine Drahtnachricht zu seiner sterbenden Schwester rief."[13] Ob das den Tatsachen entspricht, kann nicht mehr nachgeprüft werden. Der Hartwich-Nachlaß ist verschollen. Er war im Besitz des Sohnes Emil Waldemar Hartwich, der an unbekanntem Ort verstorben ist; das Todesdatum ist ebenfalls nicht bekannt.[14] Wahrscheinlich hat Else von Ardenne die

Wenn zwei Menschenherzen wähnen
Daß sie sich so ganz verstehen,
Wenn mit nie begriff'nen Sehnen
Sie sich in die Augen sehen.

Wenn das Herz an ew'ge Freuden —
An das Paradies gedenkt
Und das Denken an ein Scheiden
Uns, zum ... Mann gemacht,
... will ... von der Frei...
... das Leben Ernst herbei

Und ein flücht'ger Scheidegruß
Bricht das ganze Glück entzwei

Breslau Sommer 1882.

37 Wahrscheinlich ein von Hartwich verfaßtes Gedicht auf den Tod seiner Schwester, von Else von Ardenne abgeschrieben.

Verse in Schellens' Buch gefunden. Im letzten von ihr erhaltenen Brief erwähnt sie die gesammelten Vorträge Hartwichs,[15] die Schellens herausgegeben und mit einer biographischen Darstellung versehen hat. Auch wenn der Anlaß zu dem Gedicht der Tod der von Hartwichs Schwester gewesen sein sollte, – Else von Ardenne konnte nicht anders, als die Stellen, an denen von der Sehnsucht zweier Menschen zu einander, vom Paradies, das sie sich erträumen, und von dem gewaltsam herbeigeführten Abschied die Rede ist, auf sich zu beziehen.

Mit der Gedichtabschrift stellt sich Else von Ardenne ihrer Vergangenheit. Das Blatt Papier aber hielt sie im Verborgenen. Vor einer offenen Äußerung schreckte sie noch zurück.

38 Am Gartentor ihres Lindauer Hauses: Else von Ardenne.

Bis zum 26. Oktober 1943. „Beim neunzigsten Geburtstag meiner Großmutter...", schreibt Manfred von Ardenne, „lenkte ich das Gespräch auf ein Buch, das nach einem halben Jahrhundert über sozialhygienische Arbeiten Hartwichs erschienen war, und versuchte ihr begreiflich zu machen, wie sehr ich diesen Mann schätze. Meine Worte: »Ich hätte damals genauso gehandelt wie du!« rührten sie tief. Nach einigen Wochen schickte sie mir ein kleines Päckchen. Es enthielt Briefe Hartwichs aus den Jahren 1883 bis 1885 an meine Großmutter – eben jene, die den Anlaß zu dem tragischen Duell im Jahre 1886 gebildet hatten."[16]

Den von Manfred von Ardenne erwähnten Brief hat seine Großmutter erst nach drei Monaten geschrieben und abgeschickt. Wie das Faksimile zeigt, bereitete ihr die schwindende Sehkraft große Schwierigkeiten, die Zeilen zu Papier zu bringen. Aber das wird nur ein Grund gewesen sein, warum sie so lange zögerte. Die Worte des Enkels bei der Geburtstagsfeier „Ich hätte damals genauso gehandelt wie du!" riefen in der Neunzigjährigen Erinnerungen wach, die an den Grund ihrer Existenz rührten. Sollte die hochbetagte Frau es bei dem Gespräch bewenden lassen? Sie entschloß sich dazu, das bisher gewahrte Schweigen aufzuheben und sich von den Briefen Emil Hartwichs zu trennen. Damit bekannte sie sich zu dem geliebten Mann noch Jahrzehnte nach dessen Tod. Der Text vom 20. Januar 1944 bedarf keines Kommentars mehr.

„Hochbuch Lindau 20.1.[19]44

Mein lieber Manfred,

Bei dem ich so liebend gerne am heutigen Tage wäre u[nd] wieder u[nd] wieder mit meinem Herzen bin.

Aus dem Empfinden heraus schicke ich Dir das Buch vom Maler Beckmann u[nd] lege in Seite 86 das Bild Hartwichs, daß er machen ließ nach dem ersten u[nd] letzten Ritt, den er mit mir in Benrath gemacht als einer der Höhepunkte seines Lebens.

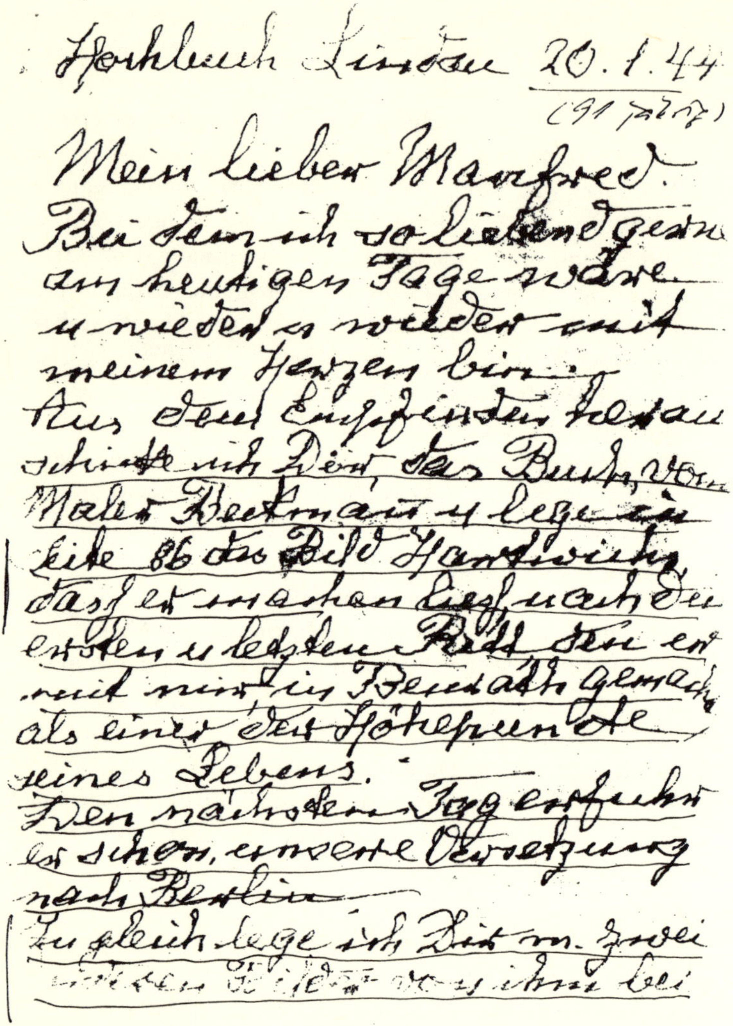

Hochbuch Lindau 20.1.44
(91 Jahr)

Mein lieber Manfred.
Bei dem ich so liebend gern am heutigen Tage wäre u. wieder u. wieder mit meinem Herzen bin.
Aus dem Empfinden heraus schicke ich Dir das Buch, vom Maler Beckmann u lege ein Seite 86 das Bild Hardwicks, dass er machen liess nach den ersten u letzten Kuss, den er mit mir in Beersheba gemacht als einer der Höhepunkte seines Lebens.
Den nächsten Tag erfuhr er schon, unsere Versetzung nach Berlin.
Zugleich lege ich Dir m. zwei [illegible] Bilder von ihm bei

39 *Brief Elses an ihren Enkel Manfred von Ardenne: „Die wertvollen persönlichsten Briefe stahl mir Dein Grossvater heimlich mit einem Nachschlüssel aus der wohl gesicherten Casette."*

alles liebe Erinnerungen, von denen
ich mich wohl zu trennen vermag,
aber nicht selber zerstören mag.
Da Du der Einzige der mich
nach ihm gefragt hat so sollst
Du auch das Wenige bekommen,
daß ein hartes Schicksal mir von
dem strahlenden Menschen
gelassen.
Die wertvollsten ... ...
Briefe stahl mir Dein Großvater heimlich mit einem
Nachschlüssel aus der wohl gesicherten Casette. Sie führten
dann zu seinem traurigen Ende.
Schluß eines Lebens eines Mannes
der geistig, leiblich ... ...
außergewöhnlich begabt, viel,
recht Großes für ... Volk
getan hätte. Seine gesammelten
Vorträge legte ich als hierzu
gekommenes Büchlein in Deine
Hand. Sie zeigen Dir Seite seines
... ...

in den 80 Jahren, kaum
gekannt war; hatte man schon
keine Turnhalle. Dann die Nöte
des Schulwesens, mit denen er,
bis zum jungen Kaiser hin sich
lich vor Drang in begeistertes
Echo u Unterstützung fand.
Das alles fand die Jahres Ende

In Beckmanns Buch fühlt
er wenn ein Schattendasein
ins nichts wird er dieser
lebenswarmen begeisternden
hinreißenden Manes Kraft,
wer sie in die Erscheinung
trat ins Kleinsten gerecht.

Das sagte ich ihm, wie sich
unsere Wege u Jahrzehnte
wieder begegneten u ich sein
Buch las.
Er versprach mir als alter
Mann, die Unterlassen eingesetzte
in der Neuauflage, mit alten

Jugendglut, wieder gut zu mach.
Die Zeiten waren ihm nicht
günstig u der Tod gestattete
ihm nicht mehr, die Schuld
an Freund zu sühnen —
Nach Dir, die Freude wurde,
durch einen Verwandten, in
ein gleiches gutes Licht die
Mann gerückt zu sehen, hat
euerstliches Leid aber auch
euerstliches Glück in sr. Leben
gebracht u war ein Geschenk.
Deshalb lege ich Euch, die leichten
Briefe bei die einen leichten Ein
blick gewähren, in den Frohsinn
u Unbeschwertheit unseres
leichten Sonnendaseins ———
Damals.
Möchte ein Schein, dieser, un ge-
acht leichten, harmlosen
Zeit, auch wieder, in Euer
Leben ein dringen dürfen, das,
ist der Wunsch.
Euer Grossvater

203

Den nächsten Tag erfuhr er schon unsere Versetzung nach Berlin.

Zugleich lege ich Dir [noch?] zwei andere Bilder von ihm bei, alles liebe Erinnerungen, von denen ich mich wohl zu trennen vermag, aber nicht selber zerstören mag. Du bist der Einzige, der mich nach ihm gefragt hat, so sollst Du auch das Wenige bekommen, daß ein hartes Schicksal mir von dem strahlenden Menschen gelaßen.

Die wertvollen persönlichen Briefe stahl mir Dein Großvater heimlich mit einem Nachschlüßel aus der wohl gesicherten Cassette. Sie führten dann zu seinem [Hartwichs] traurigem Ende; Schluß eines Lebens eines Mannes, der geistig, leiblich u[nd] seelisch außergewöhnlich begabt, sicher noch Großes für unser Volk getan hätte. Seine gesammelten Vorträge legte[?] ich als heraus gekommenes Büchlein in...... [?]. Sie zeigen 1 Seite seines...[?] Volks... [?]... in den 80er Jahren kaum gekannt war; hatte man doch noch keine Turnhalle. Dann die Nöte des Schulwesens, mit denen er bis zum jungen Kaiser persönlich vordrang u[nd] begeistertes Echo u[nd] Unterstützung fand. Das alles fand ein jähes Ende.

In Beckmanns Buch führt er nur ein Schattendasein. Nichts wird dieser lebenswarmen, begeisternden, hinreißenden Manneskraft, wie sie in die Erscheinung trat, im Kleinsten gerecht.

Das sagte ich ihm [Beckmann], wie sich unsere Wege n[ach] Jahrzehnte[n] wieder begegneten u[nd] ich sein Buch las.

Er versprach mir als alter Mann die Unterlassungssünde in der Neuauflage mit alter Jugendglut wieder gut zu machen. Die Zeiten waren ihm nicht günstig u[nd] der Tod gestattete ihm nicht mehr, die Schuld am Freund zu sühnen.

Daß Dir die Freude wurde, durch einen Verwandten in ein gerechtes gutes Licht den Mann gerückt zu sehen, der unendliches Leid, aber auch unendliches Glück in m[ein] Leben gebracht, war mir ein Geschenk. Deßhalb lege ich Euch die leichten Briefe bei, die einen Einblick gewähren in den Frohsinn u[nd] Unbeschwertheit unseres leichten Sonnendaseins – damals.

40 Schloß Zerben. Zustand 1990, von Wolfgang v. Plotho aufgenommen.

Möchte ein Schein dieser ungeahnt leichten, harmlosen Zeit auch wieder in Euer Leben eindringen dürfen, das ist der Wunsch Eurer Großmutter."[17]

18
Anmerkungen

Die in diesem Buch verwendeten archivalischen Quellen stammen sämtlich aus dem *Familienarchiv Ardenne, Dresden*, (= FaAD). Sie wurden mir von Herrn Prof. Dr. Manfred von Ardenne in Fotokopien zugänglich gemacht. Die Originale befinden sich in Dresden. Die handschriftlichen Unterlagen sind von mir neu transkribiert worden. Dabei konnten, im Vergleich zu früheren Transkriptionen, einige Verbesserungen angebracht werden. Die Originalvorlagen sind teilweise in einem Zustand, der es leider nicht erlaubt, in allen Fällen eindeutige Texte herzustellen. Schwer leserliche oder unleserliche Textpassagen wurden entweder ausgelassen oder durch [...], eventuell auch durch [...?] gekennzeichnet; notwendig erscheinende Ergänzungen sind ebenfalls in [...] gesetzt. Die Schreibweise wurde beibehalten, ebenso die Satzzeichen; um Irreführungen zu vermeiden, wurden an einigen Stellen Satzzeichen ergänzt. Auslassungen in sämtlichen Texten sind durch ... kenntlich gemacht worden.

Auf eine gesonderte Auflistung der benutzten Archivalien wird bewußt verzichtet. Sie sind in den Anmerkungen lückenlos enthalten. Gedruckte Quellen sind im Literaturverzeichnis nachgewiesen.

Anmerkungen zum Vorwort

1 Brief Fontane an Spielhagen; Berlin, 21.2.1896; zit. nach Seiffert, Fontanes „Effi Briest" und Spielhagens „Zum Zeitvertreib" – Zeugnisse und Materialien –, in: Studien zur Neueren deutschen Literatur, 29, Berlin 1964, S. 282f.
2 Thomas Mann, Anzeige eines Fontane-Buches, zuerst in: Berliner Tageblatt, 25.12.1919; hier zit. nach: Ges. Werke, Bd. X, S. 578.
3 Vgl. Horst Budjuhn, a.a.O., S. 2.
4 Thomas Mann, Die Kunst des Romans, Vortrag für Studenten der Universität Princeton, New Jersey 1939; hier zit. nach: Ges. Werke, Bd. X, S. 360.
5 Brief Sigmund Freud an seinen Neffen Edward Bernays; in: Freud, Briefe 1873–1939, hrsg. von E. L. Freud, Frankfurt/M 1960, S. 387.

Anmerkungen zu Kapitel 2

1 Else Baronin von Ardenne... erzählt aus ihrem Leben; handschriftliche Aufzeichnungen in 2 Teilen; zitiert als EvA, 1931 u. 1934; Bl. 11. Manuskript im Familienarchiv Ardenne, Dresden(=FaAD).

2 Zusatz zum handschriftlichen Testament, Lindau, 31.[oder 3.]3.1946; FaAD.

3 Theodor Fontane, Effi Briest(=EB); zit. nach der Nymphenburger Ausgabe(=NA), herausgegeben von Edgar Gross, München 1959, S. 257.

4 Genealogisches Handbuch der adeligen Häuser, Fhr. Häuser A, Bd. XI, Glücksburg 1979, S. 288 ff.

5 Theodor Fontane, Wanderungen durch die Mark Brandenburg, Vierter Band: Spreeland, zit. nach NA, München 1960, Bd. XII, S. 187.

6 Ausfertigung des Beschlusses U.R.III 7/1952, Geschäftsstelle des Amtsgerichts Lindau, 31.3.1952; FaAD.

7 EvA, Bl.1.

8 Mitteilung Wolfgang Frhr. von Plotho (=WvP); Tonbandaufzeichnung 1993, Bonn; im Archiv des Verfassers.

9 Geburts- und Taufbescheinigung. Auszug aus dem Kirchenbuche der evangelischen Gemeinde Zerben, 20.3.1930; FaAD.

10 EvA, Bl.1.

11 Ebd., Bl.12.

12 Ebd., Bl.1.

13 EB, S. 172.

14 Ebd., S. 178.

15 EvA, Bl.1.

16 Ebd., Bl.12 f.

17 Ebd., Bl. 18.

18 Mitteilung WvP.

19 EvA, Bl.1.

20 Ebd., Bl.13.

21 Ebd., Bl.1.

22 Ebd., Bl.1 f.

23 Ebd., Bl.2.

24 Ebd., Bl.2.

25 Ebd.

26 Ebd.

27 Mitteilung WvP.

28 EvA, Bl.3.

29 Brief AvA an seine Mutter; Berlin, 28.12.1886; FaAD.

30 EvA, Bl.14.

31 Ebd., S. 14 f.

32 Mitteilung WvP.

Anmerkungen zu Kapitel 3

1 Mitteilung des Staatsarchivs Preußischer Kulturbesitz Berlin, 9.6.1993 an den Verfasser.
2 Genealogisches Handbuch des Adels,Frhr. Häuser B, Glücksburg 1957, S. 4–6.
3 Mitteilung WvP.
4 ...graph.[ologisches] Charakterbild, ohne Verfasserangabe, handschriftl. Manuskript, FaAD.
5 Geschichte des Zieten'schen Husaren-Regiments von Armand Freiherr von Ardenne, Sec.-Lieut. im Zieten'schen Husaren-Regiment, Berlin 1874, (= ZH).
6 Bergische Lanziers. Westfälische Husaren Nr. 11. Von Frhr. v. Ardenne, Premierlieutenant im 2. Westfälischen Husaren=Regiment Nr. 11, Berlin 1877, (= BL).
7 ZH, Vorwort,S. I.
8 Ebd., Widmung nach dem Titelblatt.
9 Ebd., S. 603.
10 Ebd., S. 607 f.
11 Ebd., S. 644; 643 f.
12 Ebd., S. 652.
13 Vgl. dazu u. a. ZH, S. 231.
14 ZH, Vorwort, S.I.
15 Ebd.
16 Ebd.
17 Ebd., S. 648–652.
18 Ebd., S. 656–658.
19 Ebd., S. 634 f.
20 BL, S. 398 f.
21 Ebd., S. 395.
22 Ebd.
23 ZH, S. 662.
24 Ebd.
25 BL, S. 365 f.
26 ZH, S. I f.
27 BL, S. 369.
28 Ebd., S. 372.
29 Ebd., S. 421.
30 Vgl. ebd.
31 ZH, S. 10.
32 Ebd., S. 263.
33 Ebd.
34 Ebd.
35 BL, S. 424

Anmerkungen zu Kapitel 4

1 EvA, Bl.3.
2 Ebd., Bl.15.
3 Ebd.
4 Ebd., Bl.4.
5 Ebd.
6 Ebd., Bl.16.
7 Ebd.
8 Ebd., Bl.4.
9 Ebd.
10 Ebd., Bl.16.
11 Vgl. ebd., Bl.4. Brief M. v. Plotho an Wedell nicht erhalten.
12 Brief Benno v. Wedell an Frau v. Ardenne; zit. nach H. W. Seiffert, aaO., S. 261, ohne Datum; der Brief ist z. Zt. im FaAD nicht auffindbar.

Anmerkungen zu Kapitel 5

1 Georg Wilhelm Friedrich Hegel, Enzyklopädie der philosophischen Wissenschaften im Grundrisse (1830); neu herausgegeben von Friedrich Nicolin u. Otto Pöggeler, Berlin 1966, S. 429.
2 EvA, Bl.15;4.
3 Das Tagebuch der Baronin Spitzemberg..., Göttingen 1963; S. 93; Eintragung vom 13.7.1870.
4 Ebd.
5 Michael Stürmer, Das ruhelose Reich. Deutschland 1866–1918, Berlin 1983, S. 165.
6 Tagebuch Spitzemberg, S. 93; Eintragung vom 14.7.1870.
7 Ebd.,S. 94; Eintragung vom 16.7.1870.
8 Ebd., S. 95; Eintragung vom 24.7.1870.
9 Zahlenangaben nach Stürmer a.a.O., S. 166.
10 Tagebuch Spitzemberg, S. 100; Eintragung vom 19.8.1870.
11 Horaz, Oden 3,2,13.
12 EvA, Bl.16.
13 Ebd., Bl.4f.
14 Ebd., Bl.17.
15 Ebd., Bl.5.
16 ZH, S. 595.
17 Ebd., S. 595f.
18 EvA, Bl.5.
19 Max Schneckenburger, Die Wacht am Rhein; Erstdruck: 18.12.1840; Text zit. nach: Deutschland Deutschland. Politische Gedichte vom Vormärz bis zur Gegenwart. Ausgewählt und herausgegeben von Helmut Lamprecht, Bremen 1969, S. 35f.
20 EvA, Bl.5.

Anmerkungen zu Kapitel 6

1 Mitteilung WvP.
2 EvA, Bl.17.
3 Ebd.
4 Ebd., Bl.5f., Bl.17.
5 Zu Witzlebens Verwundung vgl. ZH, S. 607.
6 ZH, S. 641.
7 Vgl. EvA, Bl.6.
8 ZH, S. 665.
9 EvA, Bl.17.
10 Ebd., Bl.19.
11 Zum Brieftext vgl. Kap. 4.
12 Mitteilung WvP.
13 EvA, Bl.6.
14 Ebd.

Anmerkungen zu Kapitel 7

1 EvA, Bl.6.
2 Ebd., Bl.19.
3 Ebd.
4 Ebd., Bl.1.
5 Ebd.
6 Ebd.
7 Ebd., Bl.18
8 Ebd., Bl.1f.
9 Ebd., Bl.19.
10 Brief AvA an seine Mutter; Berlin, 3.12.86; FaAD.
11 Brief AvA an seine Mutter; Berlin, 28.12.86 FaAD.
12 Brief AvA an seine Mutter; Berlin, 3.12.86; FaAD.
13 EvA, Bl.6.
14 Karl Voß, Reiseführer für Literaturfreunde Berlin. Vom Alex bis zum Kudamm, Berlin 1980, S. 235.
15 EB, S. 202.
16 EB, S. 255f.
17 Ebd., S. 217.
18 EB, S. 226.
19 Vgl. ZH, Vorwort, S.I.
20 EvA, Bl. 19.
21 Ebd.
22 Ebd.
23 Vgl. ebd., Bl.6.
24 Ebd., Bl.6; 19.
25 Ebd., Bl.6f.
26 Ebd., Bl.7.

27 Ebd., Bl 21.
28 ZH., S. 607.
29 Ebd., S. 596.
30 EvA, Bl.21.
31 Ebd., Bl.7.
32 Ebd., Bl.21.
33 Ebd., Bl.7.
34 Ebd.
35 Friedrich Spielhagen 1829–1911; volkstümlicher Erzähler, Literaturtheoretiker und Herausgeber von Westermannsmonatsheften 1878–1884.
36 Vgl. Manfred v. Ardenne, Mein Leben für Fortschritt und Forschung, München 1984, S, 310.
37 Brief Spielhagen an EvA; Berlin, 12.12.1878, FaAD; hier zit. nach Seiffert, (1), S. 288.
38 Brief Fontane an seine Frau; Berlin, 7.4.1880; zit. nach: Theodor Fontane, Briefe I, a.a.O., S. 122.
39 Brief Spielhagen an EvA; Berlin, 16.7.1879; zit. nach Seiffert, a.a.O., S. 290.
40 Fontanes Aufsatz erschien anonym 1880 in drei Nummern der Vossischen Zeitung. Vgl. dazu die Anmerkung in: Briefe IV, a.a.O., S. 209.
41 Brief Fontane an seine Frau; Berlin, 7.4.1880; zit. nach Briefe I, a.a.O., S. 122f.
42 EvA., Bl. 2.
43 Ebd.
44 Brief Fontane an Spielhagen, Berlin, 20.2.1886; zit. nach Seiffert, a.a.O., S. 283.
45 Brief Fontane an Mathilde von Rohr; Berlin, 15.5.1878; zit. nach: Briefe III: an Mathilde von Rohr, a.a.O., S. 184f.
46 Fontane an Spielhagen, Berlin, 21.2.1886; zit. nach Seiffert, a.a.O., S. 283.
47 EB, S. 180f.
48 EvA, Bl.2.
49 EB, S. 183.
50 Ebd., S. 226.
51 Ebd., S. 391.
52 Ebd., S. 410.
53 Ebd., S. 411.

Anmerkungen zu Kapitel 8

1 EvA, Bl.21.
2 ZH, S. 597.
3 Ebd.
4 Ebd.
5 EvA, Bl.7f.
6 Ebd., Bl.8.

7 Brief AvA an EvA; von fremder Hand mit der Überschrift versehen: „Armand an Else"; Metz, 3. 2. 1880; FaAD. Hervorhebungen im Original.
8 Brief Emil Hartwich an EvA, Düsseldorf, 6. 1. 1885; FaAD.
9 EvA., Bl.22.
10 Ebd., Bl.23.
11 Ebd., Bl.22.
12 Ebd., Bl.8.
13 Ebd., Bl.8;22.
14 Ebd., Bl.23.
15 Ebd., Bl.8.
16 Ebd., Bl.23.

Anmerkungen zu Kapitel 9

1 EvA, Bl.8.
2 J. P. Brosy, Beschreibung der zur fürstlichen Oberkellnerei zu Düsseldorf gehörigen Werder, Höfe, Schlösser und Gefälle, Düsseldorf 1771, Nordrheinwestfälisches Hauptstaatsarchiv; zit. nach: Irene Markowitz, Schloss Benrath, Berlin 1985, S. 5.
3 Emil Barth, Der Wandelstern, Roman, Hamburg 1939, S. 160 ff.
4 Thomas Mann, Die Betrogene, in: Gesammelte Werke in zwölf Bänden, Bd. VIII, a. a. O., S. 942 ff.
5 EvA, Bl. 23 f.
6 Thomas Mann, Buddenbrooks Gesammelte Werke in 12 Bänden, Bd. 1: S. 34.
7 Ebd., S. 35.
8 Doppelbrief Hartwich an EvA; Düsseldorf, 31. 12. 1885/4. 1. 1886; FaAD.

Anmerkungen zu Kapitel 10

1 Emil Hartwich(2), Reden über die vernachlässigte Ausbildung unserer Jugend..., Düsseldorf 1884, S. 41.
2 Franz Schellens, Emil Hartwichs Schriften für die körperliche Ertüchtigung der Jugend und für die Schulreform (Neuherausgabe). Mit einer Darstellung seines Lebens und Strebens..., Düsseldorf (1927), S. 13.
3 Ebd.
4 Vgl. Anm. 1. Unter Berufung auf Schellens und nach eigenen Recherchen hat auch Wilhelm Kettner zwei Publikationen vorgelegt: 1.) Emil F. Hartwich (1843–1886) Vita – Genealogie – Wirken als Sportpionier... Aus Anlaß des 110. Stiftungsfestes den Mitgliedern des Düsseldorfer Wanderbundes von 1881 als Festgabe, Düsseldorf, den 20. März 1992; maschinenschriftliche Ausarbeitung, fotokopiert und geheftet, 47 Seiten. 2.) Emil F. Hartwich (1843–1886) Leben und Wirken des Düsseldorfer Amtsrichters als Sportpionier. Aus Anlaß der 150. Wiederkehr seines Geburtstages, in: Düsseldorfer Jahrbuch 64, 1993, S. 163–169.

5 Vgl. Schellens, a. a. O., S. 4.
6 Ebd., S. 4.
7 Ebd., S. 7.
8 Emil Hartwich 1, Woran wir leiden. Freie Betrachtungen und praktische Vorschläge über unsere moderne Geistes- und Körperpflege in Volk und Schule, 1. Aufl. 1881; die 2. vermehrte Aufl., die hier zitiert wird, Düsseldorf 1882.
9 Vgl. Anm. 1.
10 M.Eichelsheim, Der Düsseldorfer Wanderclub; in: Deutsche Turn-Zeitung, Jg. 1885, S. 629.
11 Hartwich1, S. 6.
12 Ebd., S. 10.
13 Ebd., S. 10f.
14 Ebd., S. 11.
15 Ebd., S. 12.
16 Ebd., S. 14.
17 Ebd., S. 17.
18 Ebd., S. 18.
19 M.Eichelsheim, a. a. O., S. 630.
20 Ebd., S. 631.
21 Brief Wilhelm, Prinz von Preußen an Emil Hartwich, Potsdam, 2.4.1885, abgedruckt bei Schellens, a. a. O., S. 40 f.; neuerdings auch bei John C. G. Röhl, Wilhelm II. Die Jugend des Kaisers 1859–1888, München 1993, S. 228 f.
22 Hartwich1, S. 26.
23 Ebd., S. 27.
24 Ebd., S. 27 f.
25 Ebd., S. 9.
26 Ebd., S. 9f.
27 Peter Hüttenberger, Düsseldorf: Bd. 3:Die Industrrie- und Verwaltungsstadt (20. Jahrhundert)..., Düsseldorf 1989, S. 93 f.
28 Vgl. dazu u. a. Ploetz: Das Dritte Reich. Ursprünge, Ereignisse, Wirkungen, hrsg. von Martin Broszat und Norbert Frei, Freiburg u. Würzburg 1983, S. 124 f.
29 Brief Hartwich an EvA, Düsseldorf, 3.3.1885; FaAD. Hervorhebungen im Original.
30 Brief Hartwich an EvA, Düsseldorf, 6.1.1885; FaAD. Hervorhebungen im Original.
31 Schellens, a. a. O., S. 15 f.
32 Brief Hartwich an EvA; Düsseldorf, 17./27.11.1884; FaAD.
33 1. Strophe des „Ruderliedes", zit. nach Kettner (2), S. 11
34 Peter Hüttenberger, a. a. O., S. 92.
35 zit. nach Schellens, a. a. O., S. 16.
36 EB, S. 257f.
37 Conrad Wandrey, Theodor Fontane, München 1919.
38 Ebd., S. 268.
39 Schellens, a. a. O., S. 44.

40 Ebd., S. 45.
41 Ebd.
42 Brief Spielhagen an EvA; Berlin, 11.6.1877; FaAD.

Anmerkungen zu Kapitel 11

1 Brief Hartwich an EvA; Düsseldorf, 14.8.1883; FaAD.
2 Ebd.
3 Wilhelm Beckmann, Im Wandel der Zeiten, Berlin 1930, S. 87f.
4 Brief Hartwich an EvA; Düsseldorf, 18.8.1883; FaAD.
5 Ebd.
6 Brief Hartwich an EvA; Düsseldorf, ohne Datum; FaAD.
7 Brief Hartwich an EvA; Düsseldorf, 23.8.1883; FaAD.
8 Brief Hartwich an EvA; ohne Ort und Datum; FaAD.
9 Einzelblatt eines Briefes Hartwich an EvA, das nur schwer einem der erhaltenen Schreiben zugeordnet werden kann; ohne Ort und Datum; FaAD.
10 Vgl. Schellens, a.a.O., S. 34.
11 Dr. F.[erdinand] A.[ugust] Schmidt, Emil Hartwich und seine Bedeutung für die Förderung der Leibesübungen in Deutschland, in: Jahrbücher der deutschen Turnkunst, 33, 1887, S. 14f. Hartwichs Todesdatum (1.12.1886) wird von Schmidt falsch angegeben.
12 Schellens, a.a.O., S. 18.
13 Hartwich (2), S. 35; zitiert bei Schellens, a.a.O., S. 18.
14 Beckmann, a.a.O., S. 88f.
15 Ebd., S. 89.
16 Schellens, a.a.O., S. 14f. Vgl. dazu Kettner 1, S. 14f.
17 Ebd., S. 15.
18 Brief Hartwich an EvA; Düsseldorf, 18.8.1883; FaAD.
19 Brief Hartwich an EvA; Bad Godesberg, 27.8.83; FaAD.
20 Brief Hartwich an EvA; Düsseldorf, 31.12.1885; FaAD.
21 Brief Hartwich an EvA; Düsseldorf, 4.1.1886; FaAD.
22 Brief Hartwich an EvA; ohne Ort und Datum; FaAD.
23 Brief Hartwich an EvA; Düsseldorf, 24.8.1884; FaAD.
24 EvA, Bl. 9.
25 Ebd., Bl. 24.
26 Brief Hartwich an EvA; Düsseldorf, 24.8.1884; FaAD.
27 EvA. Bl. 25f.
28 EB, S. 292f.
29 Brief EvA an Manfred v. Ardenne; Hochbuch Lindau, 20.1.1944; FaAD.

Anmerkungen zu Kapitel 12

1 Brief Hartwich an EvA; Düsseldorf, 24. 8. 1884; FaAD.
2 Brief Hartwich an EvA; Düsseldorf, 17. [27.?] 11. 1884; FaAD.
3 Ebd.
4 Ebd.
5 Ebd.
6 Ebd.
7 Ein Freund Hartwichs. Näheres nicht ermittelt.
8 Brief Hartwich an EvA; Düsseldorf, 17. [27.?] 11. 1884; FaAD.
9 Brief Hartwich an EvA; Düsseldorf, 23. 12. 1884; FaAD.
10 EvA, Bl. 26; Bl. 9.
11 Hartwich an EvA; Einzelblatt; ohne Ort [wahrscheinlich Düsseldorf] und
   ohne Datum; FaAD.
12 Brief Hartwich an EvA; Fragment ohne Ort und Datum; FaAD.
13 Antrag... des Barons v. Ardenne... wider seine Ehefrau; Berlin,
   5. 12. 1886; unterschrieben: Teichert, Justizrat; FaAD.
14 Brief Hartwich an EvA; ohne Ort; in der ersten Zeile erwähnt er Schloß
   Hernsheim, und ohne Datum; FaAD.
15 Brief Hartwich an EvA; Düsseldorf, 6. 1. 1885; FaAD.
16 Brief Hartwich an EvA; Düsseldorf, 3. 3. 1885; FaAD.
17 Mdl. Auskunft vom 8. 3. 1994 durch HStA Düsseldorf-Kalkum.
18 Schellens, a. a. O., S. 42.
19 Kettner 2, a. a. O., S. 168.
20 Schellens, a. a. O., S. 42.
21 Brief Hartwich an EvA; Düsseldorf, 3. 3. 1885; FaAD.

Anmerkungen zu Kapitel 13

1 Doppelbrief Hartwich an EvA; Düsseldorf 31. 12. 1885/4. 1. 1886; FaAD.
2 F. A. Schmidt, a. a. O., S. 15.
3 Brief Hartwich an EvA; „Auf der Guttenberg", 30. 5. 1886; FaAd.
4 Brief Hartwich an EvA; Düsseldorf, 29. ... [?] 1886; FaAD.
5 Mitteilung WvP.
6 Antrag Teichert, 5. 12. 1886; FaAD.
7 Brief Hartwich an EvA; Berlin, 8. 10. 1886 (Datum fraglich); FaAD.
8 Ebd.
9 Notizen von EvA, zitiert nach der sehr verkleinerten Faksimilewiedergabe
   bei Budjuhn, a. a. O., S. 107.
10 EvA, Bl. 2; FaAD.
11 Vgl. Brief EvA an MvA; Hochbuch Lindau, 20. 1. 1944; FaAD.
12 Antrag Teichert; FaAD.
13 Ebd.
14 Vgl. Seiffert, a. a. O., S. 259.
15 Vgl. Schellens, a. a. O., S. 16.
16 Vgl. ebd., S. 43.

17 Vgl. Seiffert, a. a. O., S. 265.
18 Antrag Teichert; FaAD.
19 EB, S. 368.
20 Ebd., S. 370.
21 EB, S. 371.
22 Ebd., S. 373.
23 Ebd., S. 373 f.

Anmerkungen zu Kapitel 14

1 Deutsche Reichs-Zeitung. Bonn, 5.12.1886, Zweites Blatt, Nr. 337.
2 Berliner Tageblatt. Berlin, 3.12.1886, Erstes Blatt, Nr. 614.
3 Berliner Tageblatt, ebd.
4 Deutsche Reichs-Zeitung, ebd.
5 Schellens, a. a. O., S. 37.
6 Ebd., S. 38.
7 Stenographische Berichte . . ., S., 173.
8 Ebd., S. 175.
9 zit. nach: Ute Frevert, Ehrenmänner. Das Duell in der bürgerlichen Gesellschaft, München 1991, S. 113.
10 Ebd.
11 Stenographische Berichte . . ., S. 180.
12 zit. nach: Harald Weinrich, Die fast vergessene Ehre, a. a. O., S. 164.
13 Weinrich, a. a. O., S. 165.
14 Stenographische Berichte . . ., S. 188.
15 Hartwich 1, Titelblatt.
16 Stenographische Berichte . . ., S. 188.
17 Frevert, a. a. O., S. 224.
18 Vgl. dazu: Gerhard/Wischermann, a. a. O., S. 140 ff.
19 Helene Lange, Die Duelldebatten im Reichstag, a. a. O., S. 517 f.
20 Berliner Tageblatt, a. a. O.

Anmerkungen zu Kapitel 15

1 EvA, Bl. 9.
2 Frevert, a. a. O., S. 72.
3 Berliner Tageblatt, a. a. O.
4 Vgl. EvA, Bl. 9.
5 Brief AvA an seine Mutter; Berlin, 3.12.1886; FaAD.
6 Brief AvA an seine Mutter; Berlin, 28.12.1886; FaAD.
7 Brief AvA an seine Mutter; Berlin, 20.12.1886; FaAD.
8 Brief AvA an seine Mutter; Magdeburg, 19.1.1887; FaAD.
9 Brief AvA an seine Mutter; Berlin 20.12.1886; FaAD.
10 Brief AvA an seine Mutter; Berlin, 28.12.1886; FaAD.
11 Brief AvA an seine Mutter; Berlin, 3.12.1886; FaAD.

12 Brief AvA an seine Mutter; Berlin, 28.12.1886; FaAD.
13 Ebd.
14 Brief AvA an seine Mutter; Magdeburg, 16.1.1887; FaAD.
15 Brief AvA an seine Schwester Camilla; Magdeburg, 4.1.1887; FaAD.
16 Brief AvA an seine Mutter; Magdeburg, 5.1.187; FaAD.
17 Brief AvA an seine Mutter; Magdeburg, 16.1.1887; FaAD.
18 Brief AvA an seine Mutter, ohne Datum; FaAD.
19 Brief AvA an seine Mutter; Magdeburg, 22.1.1887; FaAD.
20 Wortlaut nach einer Unterlage aus dem Archiv WvP.
21 Brief AvA an seine Mutter; Magdeburg, 22.1.1887; FaAD.

Anmerkungen zu Kapitel 16

1 Manfred v. Ardenne, Mein Leben für Fortschritt und Forschung, München 1984, S. 131 f.
2 Brief Teichert an Leonhard; Berlin, 6.3.1887; FaAD.
3 Brief Hartwich an Egmont v. Ardenne; Düsseldorf, 23.12.1884; FaAD.
4 Brief Rechtsanwalt Leonhard an EvA; Berlin, 8.3.1887; FaAD.
5 Mitt. WvP.
6 EvA, Bl. 9.
7 Walter Nigg, Rebellen eigener Art. Eine Blumhardt-Deutung, Stuttgart 1988, S. 103.
8 Bernhard Zeller, Hermann Hesse in Selbstzeugnissen und Dokumenten, Hamburg 1963, S. 28.
9 Nigg, a.a.O., S. 104.
10 Ebd., S. 107.
11 Ebd., S. 108.
12 Nigg, a.a.O., S. 108.
13 Brief EvA an die Familie ihres Sohnes Egmont; Münster am Stein, wahrscheinlich Mitte August 1909 nach der ersten Wiederbegegnung; FaAD.
14 EvA, Bl. 10.
15 Chronik, drei handschriftlich beschriebene Blätter; FaAD.
16 EvA, Bl. 10.
17 Ärztliches Zeugnis Dr. Ruppert; Karlsruhe, 24.10.1894; FaAD.
18 Brief Fontane an Clara Kühnast; Berlin, 27.10.1895; zit. nach Seiffert, S. 279.
19 Chronik.
20 Brief Julius Michels an EvA; Berlin N.W., 10.12.1888; FaAD.
21 Brief Julius Michels an EvA; Görlitz, 20.10.1893; FaAD.
22 Brief Julius Michels an EvA; Berlin N.W., 10.12.1888; FaAD.
23 Nigg, a.a.O., S. 108.
24 Brief Landeskirchliches Archiv Stuttgart an den Verfasser; Stuttgart, 23.2.1993.
25 Brief EvA an AvA; Alsbach Hessen, 18.6.1904; FaAD. [An den Rand des ersten Blattes geschrieben: „Bitte den Brief gelegentlich zurück."]
26 Brief Margot Langsdorff an EvA; Alsfeld, 27.6.1904; FaAD.

27 Brief Margot Langsdorff an EvA; Gießen, 10. 7. 1905; FaAD.

28 Ebd.

29 Der Brief an Matthias Mutzenbecher, Münster a. Stein, 21. 8. 1909, FaAD, hat folgenden Wortlaut: „Lieber Herr Rat
Durch den Brief an meine Kinder ging Ihnen der vorläufige Dank für die so dankbar bei Ihnen verlebten Tage zu. Auch lernte ich Sie in der schönen Zeit genügend kennen, um zu ermeßen, daß Ihrem großfühlenden Herzen weniger an einem konventionellen Dank meinerseits liegt, wie an einem Wiederfinden u[nd] harmonischen Zusammenkl[ingen] mit unseren Kindern. Wie das große u[nd] schöne Werk Ihnen gelungen ist, erlebten Sie vom ersten wie letzten Moment u[nd] weiß ich, ist Ihr schönster Dank. Am dankbarsten empfand ich bei allem Lieben u[nd] Schönen, den gleichen Boden des Dankes, Fühlens u[nd] Handelns, dem gewordenen Großen gegenüber./ Dies muß u[nd] wird uns helfen die richtigen Wege weiter zu finden u[nd] zu gehen. / Was ich den Kindern schrieb gilt auch Ihnen gegenüber, lieber Herr Rat: ich lebe wieder kräftig u[nd] froh durch das Bewußtsein von meinen Kindern persönlich erkannt u[nd] geliebt zu werden, wieder ganz ihnen bewußt zu gehören. Welchen Wert u[nd] welche Kraft giebt das wieder meinem Dasein./ Verbietet uns die Klugheit u[nd] die Rücksichtnahme auf noch hart schlagende Herzen, den so natürlich harmlosen Verkehr, [so] stehe ich zu fest auf dem Boden des Wartens vor Gott, um nicht frohgemut Sein Wirken an uns Allen in Geduld ab zu warten.... / Nachdem Sie mir so gütig u[nd] groß Ihre Kinder selber zugeführt, müßen Sie es sich gefallen laßen, daß ich mit Ihnen um die Wette liebe u[nd] unsere...[?] Enkelkinder.... / Mit diesem Wunsch der in der treuen Dankbarkeit für Ihr ganzes Haus gipfelt, bin ich lieber Herr Rat mit Grüßen an unsere Kinder Ihre/ Else Baronin von Ardenne"

30 Brief EvA an Egmont und Dela (Adele) von Ardenne; Münster am Stein, ca. Mitte August 1909; FaAD.

31 Brief Dela v. Ardenne an EvA; [Berlin], 24. 5. 1919; FaAD.

32 AvA schrieb u. a. die Broschüre Herbst und Winter 1916/16 an der Ostfront, Berlin 1917.

33 Hans Dominik, Vom Schraubstock zum Schreibtisch. Lebenserinnerungen, Berlin (1942), S. 157ff. Vgl. dazu auch Manfred v. Ardenne, a. a. O., S. 132. Äußerungen ähnlicher Art sind im FaAD auf zwei handschriftlichen Blättern überliefert von Margot Langsdorff, Egmont und Ekkehard v. Ardenne. Nur für die Jahresangaben differieren: auf den Blättern wird 1903 mit ? behauptet, bei Manfred v. Ardenne 1904.

34 Brief Dela v. Ardenne an EvA; [Berlin], 24. 5. 1919; FaAD.

35 Brief EvA an den Enkel Gothilo v. Ardenne; Hochbuch, 3. 11. 1932; FaAD.

36 Brief EvA an Gothilo v. Ardenne; Hochbuch, 10. 3. 1934; FaAD.

37 Brief EvA an Gothilo v. Ardenne; Hochbuch, 1. 10. 1938; FaAD.

38 Mitt. WvP.

39 Brief Dr. Renata v. Ardenne an den Verfasser; Bad Camberg, 27. 12. 1992.

Anmerkungen zu Kapitel 17

1 Brief Fontane an Marie Uhse; Berlin, 13.11.1895; zit. nach: Briefe Fontanes. Zweite Sammlung, 2. Band, hrsg. von Otto Pniower und Paul Schlenther, Berlin (1910), S. 366.
2 Ebd.
3 Brief Spielhagen an Fontane; 20.2.1896; zit. nach: Gotthard Erler, Effi Briest. Die Ardenne-Affäre bei Fontane und Spielhagen; in: Fontane-Blätter, Sonderheft 2/1969. Zur Entstehungs- und Wirkungsgeschichte Fontanescher Romane, S. 66.
4 Vgl. Anm. 1.
5 Vgl. dazu das Literaturverzeichnis.
6 Vgl. ebd.
7 Wolfgang Edler Herr u. Frhr. von Plotho, Familiengeschichte, Berlin 1922.
8 Vgl. Literaturverzeichnis.
9 Mitt. WvP.
10 Mitt. MvA.
11 Der Filmtitel »Der Schritt vom Wege« geht auf den von Fontane in Kap. 18, S. 292 erwähnten „Crampasschen Plan" zurück, daß „noch vor Weihnachten »Ein Schritt vom Wege« aufgeführt werden" sollte. Autor des Theaterstücks ist, von Fontane nicht erwähnt, Ernst Wichert (1831–1902); ab 1888 Kammergerichtsrat in Berlin; Erfolgsdramatiker u. Erzähler.
12 Einzelblatt, in der Handschrift von EvA; FaAD; der Gedicht-Text auch bei Schellens, a.a.O., S. 44.
13 Schellens, a.a.O., S. 44.
14 Vgl. Kettner 1, a.a.O., S. 16.
15 Vgl. den folgenden Brief-Text vom 20.1.1944.
16 Manfred v. Ardenne, a.a.O., S. 130.
17 Brief EvA an den Enkel MvA; Hochbuch, 20.1.1944; FaAD.

19
Literaturnachweise

Abhandlungen, Aufsätze, gedruckte Quellen

Ardenne, Armand Frhr. von, Premierlieutenant im 2. Westfälischen Husaren-Regiment Nr. 11: Bergische Lanziers. Westfälische Husaren Nr. 11, Berlin 1877

Ardenne, Armand von, Sec.-Lieut. im Zieten'schen Husaren-Regiment: Geschichte des Zieten'schen Husarenregiments, Berlin 1874

Ardenne, Manfred von: Mein Leben für Fortschritt und Forschung, München 1984

Barth, Emil: Der Wandelstern. Roman, Hamburg 1939

Berliner Tageblatt. Erstes Beiblatt, Nr. 614, Freitag, den 3. Dezember 1886, Seite 4

Briefe Theodor Fontanes: Zweite Sammlung, Hg.: Otto Pniower u. Paul Schlenther, 2. Band, 2. Auflage, Berlin (c) 1919

Brosy, J. P.: Beschreibung der zur fürstlichen Oberkellnerei zu Düsseldorf gehörigen Werder, Höfe, Schlösser und Gefälle, Düsseldorf, 1771; Nordrheinwestfälisches Hauptstaatsarchiv; siehe auch: Markowitz, Irene

Budjuhn, Horst: Fontane nannte sie „Effi Briest". Das Leben der Elisabeth von Ardenne, Berlin 1985

Deutsche Reichs-Zeitung, Bonn, den 5. Dezember 1886, Zweites Blatt, 15. Jahrgang, Nr. 337

Deutsche Turn-Zeitung, siehe: Eichelsheim

Dominik, Hans: Vom Schraubstock zum Schreibtisch, Lebenserinnerungen, Berlin (1942)

Düsseldorf. Geschichte von den Anfängen bis ins 20. Jahrhundert. Band 3: Die Industrie- und Verwaltungsstadt (20. Jahrhundert) von Peter Hüttenberger, Düsseldorf 1989

Düsseldorfer Jahrbuch 64, 1993, siehe: Kettner(2)

Eichelsheim, M.: Der Düsseldorfer Wanderclub; in: Deutsche Turn-Zeitung, Jg. 1885, S. 629–631

Erler, Gotthard: „Effi Briest" Die Ardenne-Affäre bei Fontane und Spielhagen, in: Zur Entstehungs- und Wirkungsgeschichte Fontanescher Romane, Fontane Blätter, Sonderheft 2/1969, S. 64–68

Fontane, Theodor: Briefe an Wilhelm und Hans Hertz 1859–1898, hrsg. von Kurt Schreinert, vollendet und mit einer Einführung versehen von Gerhard Hay, Stuttgart 1972

Fontane, Theodor: Briefe I Briefe an den Vater, die Mutter und die Frau, hrsg. von Kurt Schreinert, zu Ende geführt von Charlotte Jolles. Erste wort- und buchstabengetreue Edition nach den Handschriften, Berlin 1968

Fontane, Theodor: Briefe III Briefe an Mathilde von Rohr, hrsg. von Kurt Schreinert, zu Ende geführt und mit einem Nachwort versehen von Charlotte Jolles. Erste wort- und buchstabengetreue Edition nach den Handschriften, Berlin 1969

Fontane, Theodor: Briefe IV Briefe an Karl und Emilie Zöller und andere Freunde, hrsg. von Kurt Schreinert, zu Ende geführt und mit einem Nachwort versehen von Charlotte Jolles. Erste wort- und buchstabengetreue Edition nach den Handschriften, Berlin 1971

Fontane, Theodor: Effi Briest. Roman; in: Th. F. Sämtliche Werke, Bd. VII, Hg. Edgar Gross, (Nymphenburger Ausgabe) München, 1959

Fontane, Theodor: Wanderungen durch die Mark Brandenburg, vierter Band: Spreeland; in: Th. F. Sämtliche Werke, Bd. XII; unter Mitwirkung von Kurt Schreinert hrsg. von Edgar Gross, München 1960

Freud, Sigmund: Briefe 1873–1939, hersg. von E.L.Freud, Frankfurt/M 1960

Frevert, Ute: Ehrenmänner. Das Duell in der bürgerlichen Gesellschaft, München 1991

Genealogisches Handbuch der adeligen Häuser, Frhr. Häuser A, Bd. XI, Glücksburg 1979

Genealogisches Handbuch des Adels, Adelige Häuser A, Bd. 5, Glücksburg 1953

Genealogisches Handbuch des Adels, Frhr. Häuser B, Glücksburg 1957

Gerhard, Ute u. Wischermann, Ulla: Unerhört. Die Geschichte der deutschen Frauenbewegung, Hamburg 1992

Hartwich, Emil(1): Woran wir leiden. Freie Betrachtungen und praktische Vorschläge über unsere moderne Geistes- und Körperpflege in Volk und Schule, 1. Aufl. 1881; hier zitiert: 2. vermehrte Aufl., Düsseldorf 1882

Hartwich, Emil(2): Reden über die vernachlässigte Ausbildung unserer Jugend..., hrsg. von M. Eichelsheim, 2. erweiterte Auflage, Düsseldorf 1884

Hegel, Georg Wilhelm Friedrich: Enzyklopädie der philosophischen Wissenschaften im Grundrisse (1830), neu hrsg. von Friedrich Nicolin u. Otto Pöggeler, Berlin 1966

Herrmann, Helene: Theodor Fontanes „Effi Briest". Die Geschichte eines Romans, in: Die Frau. Monatsschrift für das gesamte Frauenleben unserer Zeit, hrsg. von Helene Lange, 19. Jahrgang 1911–1912, Berlin 1912, S. 543–554; 610–625; 677–694

Hüttenberger, Peter, siehe: Düsseldorf

Jahrbücher der deutschen Turnkunst, siehe: Schmidt, F. A.

Kettner, Wilhelm(1): Emil F. Hartwich (1843–1886), Vita – Genealogie – Wirken als Sportpionier, zusammengestellt von W. K. 1985–1992. Aus Anlaß des 110. Stiftungsfestes des Düsseldorfer Wanderbundes von 1881 als Festgabe; Düsseldorf, den 20.3.1992; als Manuskript gedruckt, 47 Seiten

Kettner, Wilhelm(2): Emil F. Hartwich (1843–1886) Leben und Wirken des Düsseldorfer Amtsrichters als Sportpionier. Aus Anlaß der 150. Wiederkehr seines Geburtstages; in: Düsseldorfer Jahrbuch 64, 1993, S. 163–169

Lamprecht, Helmut: Deutschland Deutschland. Politische Gedichte vom Vor-
märz bis zur Gegenwart. Ausgewählt und hrsg. von H. L., Bremen 1969
Lange, Helene: Die Duelldebatten im Reichstag, in: Die Frau, 19. Jahrgang,
Heft 9, (Berlin) Juni 1912, S. 513–518
Mann, Thomas: Anzeige eines Fontane-Buches; erstmals unter dem Titel
„Zum hundertsten Geburtstag Theodor Fontanes" in ›Berliner Tageblatt‹,
25. 12. 1919; hier zit. nach: Gesammelte Werke in zwölf Bänden, Frank-
furt/M 1960, Bd. X; S. 773 ff.
Mann, Thomas: Buddenbrooks Verfall einer Familie, in: Gesammelte Werke
in zwölf Bänden, Bd. I, Frankfurt/M 1960
Mann, Thomas: Die Betrogene, in: Gesammelte Werke in zwölf Bänden, Bd.
VIII: Erzählungen Fiorenza Dichtungen, Frankfurt/M 1960, S. 877–950
Mann, Thomas: Die Kunst des Romans, Vortrag für Studenten der Universität
Princeton, New Jersey, 1939; zit. nach Gesammelte Werke in zwölf Bänden,
Frankfurt/M 1960 Bd. X, S. 348 ff.
Markowitz, Irene: Schloß Benrath, Berlin, 1985
Nigg, Walter: Rebellen eigener Art. Eine Blumhardt-Deutung, Stuttgart 1988
Ploetz: Das Dritte Reich. Ursprünge, Ereignisse, Wirkungen, hrsg. von Mar-
tin Broszat und Norbert Frei, Freiburg u. Würzburg 1983
Pniower, Otto; siehe: Briefe Th. F's
Röhl, C. G. John: Wilhelm II. Die Jugend des Kaisers 1859–1888, München
1993
Schellens, Franz: Emil Hartwichs Schriften für die körperliche Ertüchtigung
der Jugend und für die Schulreform (Neuherausgabe). Mit einer Darstellung
seines Lebens und Strebens ..., Düsseldorf (1927)
Schlenther, Paul; siehe: Briefe Th. F's
Schmidt, Dr. F.[erdinand] A.[ugust], Bonn: Emil Hartwich und seine Bedeu-
tung für die Förderung der Leibesübungen in Deutschland, in: Jahrbücher
der deutschen Turnkunst, 33, 1887, S. 14 ff.
Schneckenburger, Max: Die Wacht am Rhein, Erstdruck: 18. 12. 1840, siehe:
Lamprecht Helmut
Seiffert, Hans Werner (unter Mitarbeit von Christel Laufer): Fontanes „Effi
Briest" und Spielhagens „Zum Zeitvertreib" – Zeugnisse und Materialien –,
in: Studien zur Neueren deutschen Literatur, 29, Berlin 1964, S. 255–300
Spielhagen, Friedrich: Briefe an EvA; die Originale befinden sich im FaAD,
zitiert nach: Seiffert
Spielhagen, Friedrich: Zum Zeitvertreib, Roman, 4. Auflage, Leipzig 1897
Spitzemberg, Baronin (Hildegard von): Das Tagebuch der Baronin Spitzem-
berg, geb. Freiin v. Varnbühler. Aufzeichnungen aus der Hofgesellschaft
des Hohenzollernreiches. Ausgewählt und herausgegeben von Rudolf Vier-
haus. Mit einem Nachwort versehen von Peter Rassow, 3. Aufl. Göttingen
1963
Stenographische Berichte über die Verhandlungen des Deutschen Reichsta-
ges, VI. Legislaturperiode, IV. Session 1886/87, 1. Band, Berlin 1887,
S. 173–195. 10. Sitzung am Montag den 13. Dezember 1886, (Microfiche-
Reproduktion des Originals der Hessischen Landes- und Hochschul-Biblio-
thek Darmstadt)

Stürmer, Michael: Das ruhelose Reich. Deutschland 1866–1918, Berlin 1983

Voß, Karl: Reiseführer für Literaturfreunde. Berlin. Vom Alex bis zum Kudamm, Berlin 1980

Wandrey, Conrad: Theodor Fontane, München 1919

Weinrich, Harald: Die fast vergessene Ehre, in: Literatur für Leser. Essays und Aufsätze zur Literaturwissenschaft, Stuttgart 1971, S. 164–180

Wilhelm, Prinz von Preußen: Brief an Emil Hartwich, siehe: Röhl u. Schellens

Zeller, Bernhard: Hermann Hesse in Selbstzeugnissen und Dokumenten, Hamburg 1963

Personenregister

Albedyll, Emil von 165, 167
Aprill, Dr. 16
Ardenne, Adele von (»Dela«) 186, 189, 192
Ardenne, Renata von 193
Ardenne, Egmont von 66, 117 f., 163, 169 f., 180, 185 f., 192
Ardenne, Ekkehard von 47, 79
Ardenne, Gothilo von 189, 191 f.
Ardenne, Hippolyt von 163
Ardenne, Johanna Wilhelmine von, geb. Brockhaus 161 ff.
Ardenne, Julia von, geb. Peters 184 f., 187
Ardenne, Manfred von 14, 199
Ardenne, Margot von, verh. Langsdorff 64, 66, 163, 169 ff., 180, 182 ff., 185 ff.

Barth, Emil 83 ff.
Beckmann, Wilhelm 104, 113, 115, 199, 204
Benedetti, Vincent 44 f., 48
Bier, Familie 66
Binswanger, Ludwig 176
Bismarck, Johanna von 46
Bismarck, Otto von 44 f., 60 f., 71, 119 f.
Blumhardt, Christoph jr. 172 f., 174, 179 f., 191
Bredow, Frau von 51
Bronsart von Schellendorf, Paul von 118, 167
Brosy, J. P. 82
Budjuhn, Horst 11

Chamberlain, Arthur Neville 192

d'Ardenne, Louis Célestin Prosper 30, 54 f., 57 f.
Daladier, Edouard 192

Dardenne, Antoine Thiry 30
de Claer, Festungskommandant 165 f.
Dominik, Hans 188 f.
Dyck, Sir Anthonis van 134

Eichelsheim, M. 91, 105

Fontane, Emilie 66
Fontane, Theodor 9, 11 f., 16, 18, 60 f., 66 ff., 100 ff., 121 ff., 147, 149 ff., 162, 176 f., 194 f.
Freud, Sigmund 13
Frevert, Ute 157
Friedrich Carl, Prinz von Preußen 32 f., 53, 61 f.
Friedrich, Kronprinz 119 f.

Gambetta, Léon 36
Gersdorff, Luise von 40, 73, 142
Goethe, Walther 66
Goethe, Wolfgang 66
Gramont, Antoine, Duc de 44
Groeben, Graf v. d. 27
Gropius, Martin 66
Gründgens, Gustav 195

»H« 79
Hartwich, Emil Hermann 90
Hartwich, Franziska Agatha, geb. Bock 90
Hartwich, Hero 79, 107, 109 f., 115 f., 129, 131 f., 135, 138, 140, 143, 178
Hegel, Georg Wilhelm Friedrich 43
Henoumont, Edmund 88 f., 94 f., 119 f., 130
Herrmann, Helene 195
Hindenburg, Paul von 169
Hitler, Adolf 91, 96, 191 f.
Hoffmann, H. 94

224

Biographien bei Droste

Wilhelm Raabe
Schriftsteller
Eine Biographie von Cecilia von Studnitz
346 Seiten mit zahlreichen Abbildungen,
Efalin mit Schutzumschlag
ISBN 3 7700 0778 6

Cecilia von Studnitz
Mit Tränen löschst du das Feuer nicht
Maxim Gorki und sein Leben
192 Seiten mit zahlreichen Abbildungen,
Efalin mit Schutzumschlag
ISBN 3 7700 1004 3

Corinne Pulver
Mouche
Heinrich Heines letzte Liebe
270 Seiten mit zahlreichen Abbildungen,
gebunden mit Schutzumschlag
ISBN 3 7700 1010 8

Corinne Pulver
George Sand, Genie der Weiblichkeit
Eine Biographie
508 Seiten, Efalin mit Schutzumschlag
ISBN 3 7700 0711 5

Hans-Peter Rieschel
Komponisten und ihre Frauen
240 Seiten mit zahlreichen Abbildungen,
Efalin mit Schutzumschlag
ISBN 3 7700 1028 0

Biographien bei Droste

Hans Georg Siegler
Der heimatlose Arthur Schopenhauer
Jugendjahre zwischen Danzig · Hamburg · Weimar
ca. 240 Seiten mit zahlreichen Abbildungen,
gebunden mit Schutzumschlag
ISBN 3 7700 1018 3

Heinz Gärtner
Worpswede war ihr Schicksal
Modersohn, Rilke und das Mädchen Paula
272 Seiten mit zahlreichen Abbildungen,
gebunden mit Schutzumschlag
ISBN 3 7700 1016 7

Gertrud Dworetzki
Johanna Schopenhauer
Ein Charakterbild aus Goethes Zeiten
220 Seiten mit 27 Abbildungen,
Efalin mit Schutzumschlag
ISBN 3 7700 0742 5

Eka Donner
Felix Mendelssohn Bartholdy
Aus der Partitur eines Musikerlebens
160 Seiten, mit zahlr. Abb., Efalin mit Schutzumschlag
ISBN 3 7700 0989 4

Elisabeth Frenzel
Vergilbte Papiere
Die zweihundertjährige Geschichte einer bürgerlichen Familie
532 Seiten mit zahlr. Abb., Efalin mit Schutzumschlag
ISBN 3 7700 0877 4

Biographien bei Droste

Ulrich Sahm
Diplomaten taugen nichts
Aus dem Leben eines Staatsdieners
Mit einem Vorwort von Karl Dietrich Bracher
450 Seiten mit zahlreichen Abb.,
Efalin mit Schutzumschlag
ISBN 3 7700 1833 7

Erich Wenderoth
In diesen neunzig Jahren
Erinnerungen eines Bürgers in Deutschland 1896–1993
Mit einem Vorwort von Gottfried Arnold
293 Seiten mit zahlreichen Abb.,
gebunden mit Schutzumschlag
ISBN 3 7700 1009 4

Heinz Westphal
Ungefährdet ist Demokratie nie
Erinnerungen an ein politisches Leben
Mit einem Vorwort von Helmut Schmidt
467 Seiten mit zahlreichen Abb.,
gebunden mit Schutzumschlag
ISBN 3 7700 1019 1

Ingelore M. Winter
Unsere Bundespräsidenten
Von Theodor Heuss bis Roman Herzog Sieben Portraits
264 Seiten, mit zahlreichen Abb.,
Efalin mit Schutzumschlag
ISBN 3 7700 1030 2